［改訂版］

情報リテラシーを身につける Excel

阿南　大・水野有希・泰松範行
澁谷智久・門田　実・栗林克寛 ［著］

創 成 社

はしがき

　2017年の「情報リテラシーを身につけるExcel2016基礎編」の刊行以来，様々な機能を折り込みながら版を重ねてまいりましたが，この度「情報リテラシーを身につけるExcel［改訂版］」として新たに送り出すことといたしました。

　近年注目が集まるデータサイエンスの学びの前提として，表計算ソフトやデータベースに関する理解が必須となってきました。このような現状に対して，特に必要となるデータベース機能を中心に内容を拡充いたしました。Excelの操作スキルの基本は関数の理解と実践ですが，これは比較的自学自習が可能なものです。一方で，データベース機能は演習を通して慣れることが重要であり，機能そのものを理解する以上に演習を重ねる実践がより大事になります。本書では，従来から演習を通した学習に重点を置いていますが，より一層この点について配慮して作成しました。Excelのデータベース機能は高機能であり，特別なソフトでなくても様々な処理が可能です。したがって，他のソフトでの学習の前にExcelの習得レベルをより高いものにすることは大変有益であるといえます。

　本書の表記ですが，文章による細かな説明よりもポイントを明示するかたちをとっています。これは，学習がより進んでくるとポイントのみをチェックするといった使い方が増えてくることを意識しています。

　また，スマートフォンでの操作法について掲載しています。これは，メインツールとしての利用ではなく，出先などでのちょっとした操作やスマートフォンやタブレットとPCの同時利用など，操作法を修得することで利用できる場面が大きく広がることを意図しています。

　読者の皆様が本書を活用し，よりスキルを高めていくことができれば何よりです。

著者一同

「本書の使い方」

●機能制限について

　本テキストは，Microsoft社製Microsoft 365（旧Office 365）を使って作成しています。Web版のOffice365には機能制限があるので注意をしてください。また，すべての機能を使用するためには，Microsoft 365の有料契約が必要です。有料契約については，Microsoftのホームページをご覧ください。

●スマートフォンでの操作について

　iPadやAndroidタブレットではパソコンでの使用感とほぼ同じで，Mobile版アプリを理解することで使用できるようになるので，本テキストはスマートフォン（iPhone）の画面で進めていきます。

　iPhoneやiPad，AndroidスマートフォンやタブレットでOffice（Mobile版Officeアプリ）を導入する際はiPhoneやiPadはApp Storeから"Microsoft Office"と検索して，Microsoft Excelをダウンロードします。AndroidスマートフォンやタブレットはGoogle Playから"Microsoft Office"と検索して，Microsoft Excelをダウンロードします。

　本書の「スマートフォンでの操作」は，PC版でのみ実行可能な機能があることから全ての項目について記載はされていません。また操作可能な機能が限定的な場合は，その内容について説明するように心がけております。また，タブレットやスマートフォンでの操作は画面をタップすることで可能ですが，入力ではキーボードを併用することで更に使いやすくなりますのでご活用ください。一方，ファイルの保存についてはそれぞれのクラウド環境に依存しますので，各環境に応じてご対応ください。

●Web教材について

　本書は設問による演習を重視しており，そのための教材を用意しております。

　本書のWeb教材は，㈱創成社のホームページからダウンロードできます。

　　https://www.books-sosei.com/downloads/

　ダウンロード用ページから本書を選び，画面に記載された「データ（圧縮ファイル）」をクリックしてパソコンに保存したあと，ファイルを解凍して使用してください。問題を解いている途中でデータを消してしまった場合には，改めてダウンロードして解くようにしてください。

　なお，Mobile版のExcelの機能は限定されていますので，全ての設問にスマートフォン・タブレットで回答することはできません。

　Web教材は，必要に応じて変更されることがあります。

目　　次

※本書の説明は，Microsoft Windows10，Microsoft365をインストールしている場合の
　ものである。

第1章

Excelの基礎

1 Excelの起動と終了，保存と拡張子

Excelは，競技結果の集計，家計簿のようなお金の計算，クラブや学校の名簿作成，年賀状の宛名管理など，さまざまな用途で用いられる。企業では，日報，指示書，マニュアルなどにもExcelが活用されていることが多く，表計算だけではなく，書類作成にも使われる。主な機能として，四則演算や関数を用いた「計算機能」，作成した表をもとに視覚的に理解しやすく表現する「グラフ作成機能」，住所録や名簿管理などの「データベース機能」の3つに分かれている。本書では，計算機能の基礎とグラフの作成機能について学ぶ。

1 ▶▶ Excelの起動

1）アプリケーションの一覧から起動させる

1 アプリケーションの一覧を表示する。

2 メニューリストから「Excel」に合わせてクリックすると，Excelが起動する。

2）既存のファイル（ブック）を開く

ダイアログボックスから開く

1 Excelを起動させ，[ファイル]タブの[開く]をクリックし，ファイルが保存されている場所を指定する。

2 [ファイルを開く]ダイアログボックスが表示されるので，左側の一覧から場所を指定する。

3 指定した場所に開きたいファイル名があれば，その名前の上をクリックし， 開く(O) ▼ ボタンをクリックする。

1

> **ポイント** ダイアログボックスとは，操作の内容確認や設定を行うために表示される小さな画面のことを指す。

最近使ったファイル一覧から開く

1 Excel を起動させ，[ファイル]タブの[最近使ったファイル]一覧に，開きたいファイル名があれば，その名前の上をクリックする。

> **ポイント** Excelのファイルをブック（Book）という。新規にファイルを開くと１枚のワークシートがあり，必要に応じてワークシートを挿入したり削除したりする。シートをひとまとめにしたものをブックといい，画面の一番上（タイトルバー）には「Book1」と表示され，名前をつけて保存する場合にもファイルの種類に「ブック」という単語が出てくる。覚えておこう！

2 ▶▶ 保存方法

１）名前を付けて保存

　ファイルを保存するには，名前（ファイル名）をつける必要があるが，保存する場所や保存形式などにも注意を払う必要がある。

1 [ファイル]タブの[名前を付けて保存]から，保存先を選択する。

2 [名前を付けて保存]ダイアログボックスにファイル名を入力し，**保存(S)** ボタンをクリックする。

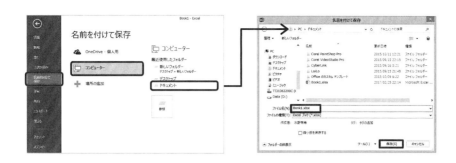

新規で作成したファイルを保存すると，ファイル名の後に，ピリオド（.）とアルファベット3～4文字が付く。このアルファベットを**拡張子**という。拡張子は，どのアプリケーションソフトを使ったのか，ソフトのヴァージョンは何か，がわかるようになっており，ファイルを保存する際に，保存形式を自由に選択することができるため，いろいろな種類の拡張子が存在する。

ポイント **ファイル名を変更するときの注意**

ファイル名を変える（名前の変更）際，間違えて拡張子を変更したり，削除するとファイルが開けなくなる可能性がある。

よく使われる保存形式

.xlsx（Excel ブック形式）：一般的な保存形式で，Excel 2007以降のブック形式。

.xls（Excel 97-2003ブック形式）：Excel 2003以前の保存形式で，Excel2007以降の新しい機能は反映されない。

.csv（CSV（カンマ区切り）形式）：テキスト形式で保存されるが，保存されるワークシートは1枚目のみで，セルごとにカンマ（,）で区切られている。表の罫線やグラフなどは保存されない。

.pdf（PDF形式）：WordやPowerPointも同様にPDF形式で保存可能。

エクセル.xlsx

エクセル.xls

エクセル.csv

終了するには，次の3通りの方法がある。

1. ウィンドウ右上にある，$\boxed{\times}$（閉じるボタン）をクリックする。
2. クイックアクセスツールバーの左側（画面の左上角あたり）をクリックして，[閉じる]をクリックする。
3. [ファイル]タブをクリックし，[閉じる]をクリックする。この場合，開いているファイルが終了する。

スマートフォンでの操作

Excelの起動

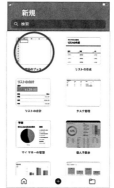

1. ホーム画面上のExcelのアイコンをタップする。
2. 任意の方法でブックを開く。
- 新規作成をタップすると"空白のブック"のほか，様々用途に応じたワークシートを選択することができる。
- 開くをタップすると利用できるストレージが表示される。※別途，設定が必要

Excelの保存・印刷

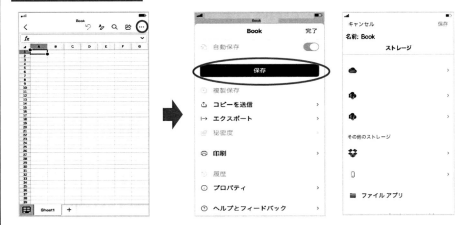

- ブックを保存したり，シートを印刷するときは3点アイコンをタップする。
- "保存"をタップするとさまざまな保存先が表示されるので任意の場所に保存できる。
- OneDriveに保存されたブックを開いているときは自動的に変更が保存される（自動保存は解除もできる）。

タブとリボンの操作

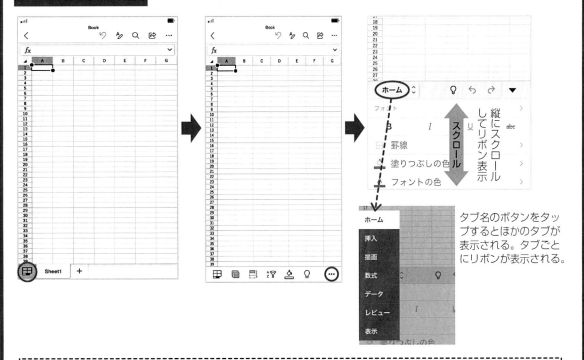

タブ名のボタンをタップするとほかのタブが表示される。タブごとにリボンが表示される。

- 「ホーム」や「挿入」など各タブごとに含まれるリボンが表示される（リボンを上下にスクロールすることで隠れているリボンを表示させることができる）。
- タブ名のボタンをタップすることでほかのタブを選択することができる。

2 Excelの画面説明

1 ▶▶ 画面構成

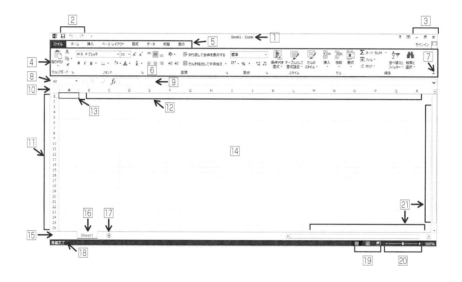

① タイトルバー：ファイル名やソフトウェア名が表示される

② クイックアクセスツールバー：よく使うコマンドを登録し，簡単に利用できるようにする

③ Excelウィンドウの操作ボタン：ウィンドウの最小化 ▬ ・最大化／元に戻す（縮小）⊡ ・閉じる ✖ などの操作を行う

④ リボン：コマンドを実行するボタンが並んでいる

⑤ タ ブ：関連機能ごとに分類されている

⑥ コマンドボタン：コマンドはグループごとに分類されている

⑦ リボンを折りたたむ：リボンが折りたたまれ，タブだけ表示される

⑧ 名前ボックス：アクティブセルの位置（セル番地）が表示される

⑨ 数式バー：アクティブセルの入力内容などが表示される

⑩ 全セル選択ボタン：クリックするとシート内の全セルが選択される

⑪　行番号：シートの上から何行目のセルかを示している（上下の関係）

⑫　列番号：シートの左から何列目のセルかを示している（左右の関係）

⑬　アクティブセル：処理の対象となっているセルを示している

⑭　ワークシート：行番号・列番号・スクロールバーなどで囲まれたマス目に区切られているシート全体を表す

⑮　シート選択ボタン：シート見出しの表示領域を移動する

⑯　シート見出し：何枚目のシートか，またはシートを識別する見出しで，ダブルクリックをすると，シート名が編集できる

⑰　新しいシートボタン：右隣に新しいワークシートを挿入できる

⑱　ステータスバー：現在の作業状況（準備完了・編集・入力）が表示される

⑲　表示ボタン：画面の表示モードを切り替える

⑳　ズームスライダー：シートの表示倍率を変更する

㉑　スクロールバー：シートの表示範囲を移動する

2 ▶▶ ワークシート

　列番号と行番号で表す現在のセルの位置をセル番地という。例えば，A列の1行は「セルA1」。ワークシートは，横に16,384列（XFD列），縦に1,048,576行ある。ワークシートの切り替えは"シート選択ボタン"や"シート見出し"をクリック，ワークシート名の変更や移動は"シート見出し"を右クリックする。

3 ▶▶ 表示倍率

　画面の表示は10～400％の範囲で倍率を変更できる。通常は100％になっている。

①　 ▬ （縮小）：クリックすると10%ずつ縮小する。

②　 ✚ （拡大）：クリックすると10%ずつ拡大する。

③　 ✛ （ズーム）：クリックしながら動かすと，倍率を細かく設定できる。

④　 100% ：クリックすると［ズーム］ダイアログボックスが表示され，倍率を選ぶ。あるいは，［表示］タブの［ズーム］グループで［ズーム］をクリックすると，［ズーム］ダイアログボックスが表示される。

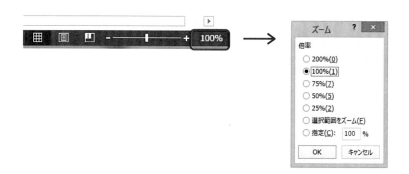

---

4 ▶▶ 表示モード

シートの表示モードは3種類ある。

1 ▦ （標準）：標準の表示モード，通常は標準で表示される。

2 ▣ （ページレイアウト）：印刷結果に近いイメージで表示するモードで，余白やページ
レイアウトが確認できる。

3 ▥ （改ページプレビュー）：印刷範囲が青い太枠で囲われて表示され，改ページ位置が確
認できる。この青枠をドラッグし動かすことで，印刷範囲を微調整することができる。

スマートフォンでの操作

ワークシートの操作

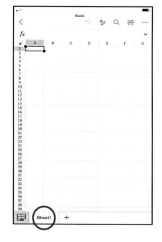

「Sheet〜」をタップするとシートの選択，
名前の変更，複製などができる。"＋"をタ
ップするとシートを増やすことができる。

表示倍率の変更

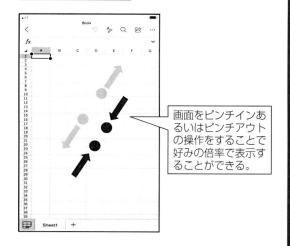

画面をピンチインあ
るいはピンチアウト
の操作をすることで
好みの倍率で表示す
ることができる。

「表示」タブからズームインやズームアウト
することもできる。

3 マウス操作, マウスポインタの形と役割

1 ▶▶ マウス操作

マウスの操作には「クリック」「ダブルクリック」「右クリック」「ドラッグ」がある。

1　クリック　　　　2　右クリック　　　　3　ドラッグ

クリックしたまま,
スライドさせる

> **ポイント**　ダブルクリックは左側のボタンを連続2回押すが,ゆっくりと2回押すと,クリック（左側をワンクリック）と同じ反応になる。ソフトやファイルのアイコンを選択して実行するときなどにはダブルクリックを使う。
>
> スマホでデータを選択する際は,セルに表示される緑色の●をタップして任意の方向にスライドすることで,ドラッグ操作ができる。なお,スマートフォンのタップ関連動作については,それぞれ機種によって異なるので取扱説明書で確認する。

2 ▶▶ マウスポインタの形と役割

Excelは,場面に応じてマウスポインタの形が変化する。

1　　（矢印）：リボンやズームスライダーなど,ワークシート以外を選択しているとき

2　　（白い十字）：ワークシート上にマウスポインタがあるとき

3　　（黒い十字）：アクティブセル右下のポイントにマウスポインタを近づけたとき,オートフィル機能を利用するときに用いる

4　　（上下左右の矢印）：アクティブセルの枠上（右下のポイント以外）にあるとき,セルを移動するときに用いる

⑤ ✛（左右の矢印）：列方向にセルの幅を変更しているとき

⑥ ✚（上下の矢印）：行方向にセルの幅を変更しているとき

⑦ Ⅰ（アイビーム）：セルに文字や数字を入力している（編集状態）とき，名前ボックスや数式バー上にマウスポインタを移動させたとき

4 データ入力の基礎

1 ▶▶ 文字・数値の入力

Excelで扱うデータには「文字列」と「数値」がある。

文字列は計算の対象にならないデータで，セル内の左揃え ABC で入力される。

数値は計算の対象になるデータで，セル内で右揃え 1234 で入力される。日付 5月15日 や通貨 ￥12,345，パーセント 12.43% などは，数値データに含まれる。

1）文字列の入力

日本語変換システム「Microsoft IME」の入力モードを「ひらがな」にする。もしくは 半角/全角 キーを押す。

ひらがなの入力

1 キーボードから A I U E O と入力すると，ひらがなで「あいうえお」と表示される。

2 「あいうえお」の下に点線がついているので，Enter キーを押すと点線が消えて「あいうえお」が確定する。

3 さらに Enter キーを押すと，そのセルの入力は完了し，下のセルにアクティブセルが移動する。

漢字の入力

1 キーボードから K A I T O U と入力すると，入力するにつれて予測変換の候補が表示される。

2 候補の中に入力したい漢字があれば，それを選択して決定する。

3 予測変換の中に入力したい漢字がなければ，[Space]キー（[変換]キーでも可）を押して漢字を変換する。

4 変換候補の一覧が表示されるので，[↑]キーか[↓]キーを押して入力したい漢字のところで[Enter]キーを押して確定する。もしくは，入力したい漢字の左側の番号を入力して確定する。

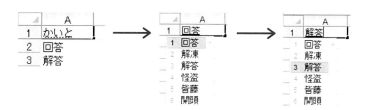

文章の入力

「ここで履物を脱いでください」と入力してみる。

1 キーボードから[K][O][K][O][D][E][H][A][K][I][M][O][N][O][W][O][N][U][I][D][E][K][U][D][A][S][A][I]と入力すると，「ここではきものをぬいでください」と表示され，下に点線がつく。

2 [Space]キーを押すと「ここでは着物を脱いでください」と変換され，「ここでは」の下線が太線となり，「ここでは」が変換される単語となる。

3 [Shift]キーを押しながら[←]キーを1回押すと「ここで」が変換される単語となり，残りの文章は別の予測変換に変更される。「ここで」は変換不要のため，[→]キーを1回押す。すべての変換が確定するまで[Enter]キーは押さず，矢印キーで次の変換まで移動する。

4 次に「はきもの」を変換するため，[Shift]キーを押しながら[→]キーを押し，「はきもの」の下に太線がついていることを確認したら，[Space]キーを押し，変換候補の一覧から[↑]キーか[↓]キーを押して，入力したい漢字のところで，[→]キーを1回押す。

5 最後に「をぬいでください」は予測変換で「を脱いでください」と変換されるため，[Enter]キーを押して，「ここで」「履物」「を脱いでください」を確定する。

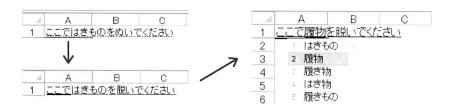

ポイント　「ひらがな入力モード」から入力したデータを全角カタカナ・半角カタカナ，全角英数・半角英数に変換する場合，ファンクションキーで簡単に変換ができる。

F7 キー（全角カタカナ）： A I U E O と入力して F7 キーを1回押すと「アイウエオ」の下に点滅と表示され，「アイウエオ」の下に点線がついているので， Enter キーを押すと点線が消えて「アイウエオ」が確定する。

F8 キー（半角カタカナ）： A I U E O と入力して F8 キーを1回押すと「ｱｲｳｴｵ」と表示され， Enter キーを押すと確定する。

F9 キー（全角英数）： T O K Y O と入力して F9 キーを1回押すと「ｔｏｋｙｏ」（小文字）→2回押すと「ＴＯＫＹＯ」（大文字）→3回押すと「Ｔｏｋｙｏ」（頭文字だけ大文字）と，押した回数に合わせて変換が変わる。 Enter キーを押すと確定する。

F10 キー（半角英数）： T O K Y O と入力して F10 キーを1回押すと「tokyo」（小文字）→2回押すと「TOKYO」（大文字）→3回押すと「Tokyo」（頭文字だけ大文字）と，押した回数に合わせて変換が変わる。 Enter キーを押すと確定する。

2）数値の入力

数値の入力

1　ひらがな入力モードで数字を入力すると，全角の左揃えで入力される。

2　数字の下に点線がついているので， Enter キーを押すと点線が消えて，数字は半角の右揃えに表示される。

ポイント　数値の入力は，日本語変換システム「Microsoft IME」の入力モードを「半角英数モード」にする（あるいは， 半角/全角 キーを押す）か，テンキーを使用すると入力しやすい。

日付の入力

1　「5/15」もしくは「5-15」と入力し， Enter キーを押す。

2　「5月15日」と右揃えに表示される。

3　西暦や年号を表示させる，もしくは日付の表示方法を変更する場合は，[ホーム]タブの[数値]グループにある[表示形式]のリストから選ぶ。あるいは，[数値]グループのダイアログボックスを開き，[表示形式]タブの[日付]にあるリストから日付の形式を選ぶ。

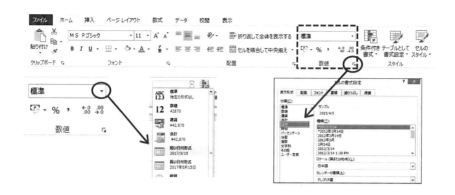

2 ▶▶ 行，列の操作

1）行，列の削除

1 削除したい行（行番号）または列（列番号）の上にマウスポインタを当てるとポインタの形が矢印（➡または⬇）になる。

2 クリックすると，行または列が選択される。

3 右クリックをし，ショートカットメニューから[削除]をクリックすると，行または列が削除できる。あるいは，[ホーム]タブの[セル]グループの中にある[削除]のリストから，[シートの列を削除]または[シートの行を削除]をクリックする。

2）行，列の挿入

1 挿入したい行（行番号）または列（列番号）を選択する。

2 右クリックをし，ショートカットメニューから[挿入]をクリックすると，選択した行の上に新しい行，または選択した列の左に新しい列を挿入できる。あるいは，[ホーム]タブの[セル]グループの中にある[挿入]のリストから，[シートの行を挿入]または[シートの列を挿入]をクリックする。

3）複数の行，列の選択

1 行番号，列番号をクリックしたままマウスを動かすと，複数の行，列を選択できる。

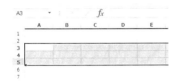 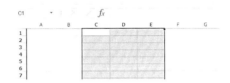

4）行の高さ，列の幅の調節

行番号，列番号の境界線から調整

1 行番号を選択して，下隣り行との間（境界線）にカーソルをあわせる。列の場合は，列番号を選択して，右隣の列との間にカーソルをあわせる。

2 マウスポインタの形状が上下の矢印 ↕（列の場合は，左右の矢印 ↔）に変わったあと，左クリックしマウスを動かすと，行の高さまたは列の幅を調節できる。

数値を入力して調整

1 高さや幅を調整したい行（行番号）または列（列番号）を選択する。

2 右クリックをし，ショートカットメニューから［行の高さ］または［列の幅］をクリックすると，行の高さや列の幅を調整するためのダイアログボックスが開く。あるいは，［ホーム］タブの［セル］グループの中にある［書式］のリストから［行の高さ］または［列の幅］をクリックするとダイアログボックスが開く。

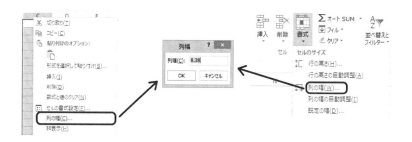

複数の行，列の調整

1 複数の行または列を選択して，1つの行の高さまたは列の幅を調整すると，すべての行の高さ，列の幅が同じ値に揃えられる。

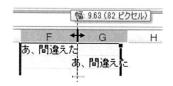

セルの幅の自動調整

1 下のような例の場合，印刷した時に右が切れてしまうので，P列とQ列の間（境界線）にマウスポインタを置き，ダブルクリックをすると，印刷可能な幅に自動調整できる。

---

3 ▶▶ データの入力の基本原則

1）セルと数式バーは連動している。文章の長さがセルの幅を超えると，文字は右のセルにまたがって表示される。

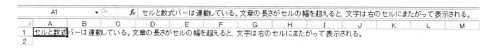

2）右側のセルに入力すると，左側のセルに入力されている文字のセルの幅からはみ出した部分の上に上書きされる。左側のセルは，文章が途中で途切れたように見えるが，数式バーで全文章が確認できる。

3）文字を修正したいときは，セルの上をダブルクリックするか，数式バーの中をクリックすればカーソルが点滅し，編集が可能となる。あるいは， F2 キーを押すと入力した文字の末尾でカーソルが点滅する。

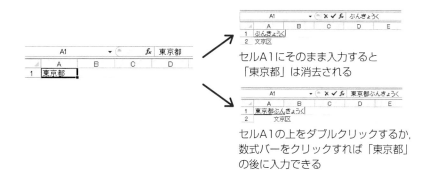

4）文字が書かれたセルの上から新しい文字を打つと，前の文字は消え，そのまま上書きされてしまう。

　　例：東京都の後に「文京区」を入力する

セルA1にそのまま入力すると「東京都」は消去される

セルA1の上をダブルクリックするか，数式バーをクリックすれば「東京都」の後に入力できる

5）セルの上をクリックしたままマウスを動かすと複数のセルを選択できる。あるいは，範囲の開始セルをクリックし， Shift キーを押しながら範囲の最後のセルをクリックする方法もあり，こちらは広範囲に選択するときに便利。

6）複数のセルを選択したまま Delete キーを押すと，すべてのセルの文字を削除できる。 Backspace キーだと，最初のセルの文字しか削除できない。ただし，選択したセルが1つなら， Delete キーでも Backspace キーでも文字を削除できる。

7）セルを移動するときは上下左右の矢印キーか，下への移動なら Enter キー，右への移動なら Tab キーを用いる。

4 ►► 入力作業効率アップの三原則

1）オートフィルを覚える

1 セルA1, B1を選択する。

2 アクティブセル右下の黒いポイント（フィルハンドル）にマウスを近づけて，マウスポインタが黒い十字 ✚ になったらクリックする。

3 クリックしたまま，マウスをM列までスライドさせる。

4 同じことをセルA2, B2で横方向に，セルA4, A5で縦方向に繰り返す。

ポイント　オートフィルを実行すると，🖃 （オートフィルオプション）が表示され，必要に応じてコピーする内容を選択できる。ただし，漢数字（一, 二, 三）やA, B, Cなどのアルファベットは，連続する規則性がないため，連続データとしてコピーされない。

2）Ctrl キーの活用

離れたセル，行，列を同時に選択したいときは，Ctrl キーが便利。

1 セルA1〜A5を選択する。

2 Ctrl キーを押しながらセルC1〜C5を選択する。

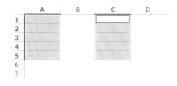

3）数字を打つときは必ずテンキーを使う

Excelでは数字を連続して入力する機会が増える。キーボードにテンキーがある場合は，テンキーから入力するのが便利。

ポイント 「R1C1」形式について

［ファイル］タブの［オプション］の中にある［数式］に進み，［数式の処理］の［R1C1参照形式を使用する］にチェックを入れてしまうと，列番号が数字で表示されてしまう。［R1C1参照形式を使用する］のチェックを外せば，列番号はアルファベットに戻る。

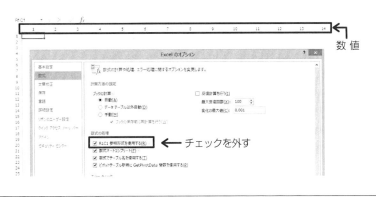

スマートフォンでの操作

データの入力

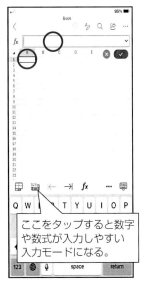

ここをタップすると数字や数式が入力しやすい入力モードになる。

データや数式を入力したいセルをタップもしくはダブルタップするとセルをアクティブにすることができる。その状態で数式バーをタップすると入力ができる。あるいはダブルタップするとそのセルに直接入力することができる。
データを選択する際は，セルに表示される緑色の●をタップして任意の方向にスライドすることで，ドラッグ操作ができる。

列と行の操作（挿入，削除，非表示）

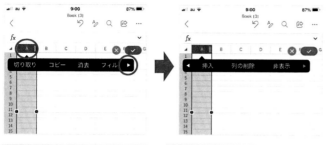

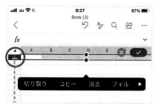

> 1．列あるいは行番号をタップすると，操作するためのメニューが表示される。
> 2．操作の目的に応じてタップをする。

> 列や行の幅を調整するときには縦二本線（行なら横二本線）をタップしたままスライドする。

オートフィル

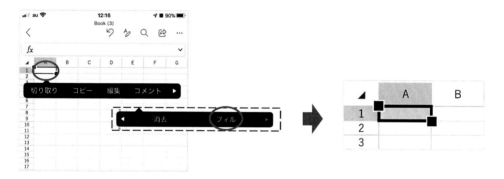

> 1．オートフィルをするデータが入力されているセルを一度タップしてアクティブにしてからもう一度タップする。
> 2．表示されたメニューの右ボタンをタップして隠れたメニューを表示させ，[フィル] をタップする。
> 3．緑の■をタップしたままスライドする。

5 基本的な表計算

1 ▶▶ 「数と数」の四則演算

四則演算に用いる記号（いずれもテンキーの右上にまとまっている）

種　類	数学記号	Excel	読み方	使い方
足し算（加算）	＋	＋	プラス	＝ 4 ＋ 2
引き算（減算）	－	－	マイナス	＝ 6 － 3
掛け算（乗算）	×	＊	アスタリスク	＝ 4 ＊ 6
割り算（除算）	÷	／	スラッシュ	＝ 2 ／ 3

■1 式の先頭に「＝」を必ず入力し，数値や演算記号を用いて数式を入力する。

■2 　Enter　キーを押すと，セルには計算結果が表示され，数式バーには計算式が表示される。

セルC1に ＝4+2 と入力する　　　　　セルC2に ＝6-3 と入力する

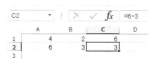

セルA3に ＝4*6 と入力する　　　　　セルB3に ＝2/3 と入力する

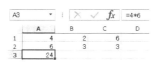

ポイント 数式の入力の際に，先頭に「＝」を入力し忘れると文字列として認識されてしまう。
また，「＝」を抜かして「4-5」ないし「4/5」と入力すると，「4月5日」として表示
されてしまうので，気を付けること。

	A	B	C
1	入力内容	表示結果	書式
2	4+5	4+5	文字列
3	4-5＝	4+5＝	文字列
4	4/5	4月5日	日付
5	=4*5	20	計算結果

2 ▶▶ 「セルとセル」の四則演算

1 先頭に「＝」を入力し，セル番地と演算記号を用いて数式を入力する。

2 Enter キーで確定すると，セルには計算結果が表示され，数式バーには計算式が表示される。

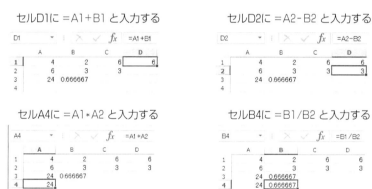

セルD1に ＝A1＋B1 と入力する セルD2に ＝A2－B2 と入力する

セルA4に ＝A1＊A2 と入力する セルB4に ＝B1/B2 と入力する

ポイント セル番地を入力する代わりに，マウスで対象セルを選択する方法もある。「＝」を
入力した後，対象セルをクリックすると点滅する線で囲まれ，数式にセル番地が自
動的に入力される。

ポイント　計算結果が表示されているセルをダブルクリックすると，計算式が再表示され，どのセル番地を使って計算したのかがわかるように，対象セルが枠取りされる。ただし，セルをダブルクリックすると編集作業に戻ってしまうため，編集しない場合，計算内容を確認したら必ず Enter キーを押すこと。

ダブルクリックする

3 ▶▶ べき乗計算

べき乗とは，累乗の計算のことであり，演算記号は ^（ハットマーク・キャレット）である。

例：2^3（2の三乗）

セルB5に =2^3 と入力する

セルB6に =B1^B2 と入力する

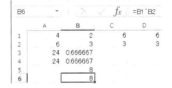

スマートフォンでの操作

べき乗の演算記号の入力

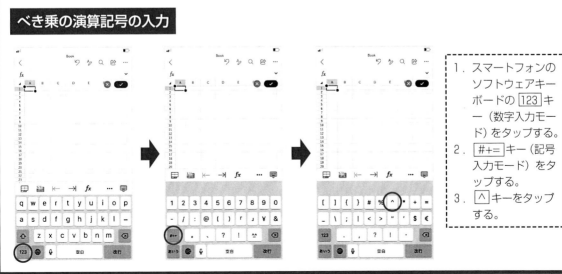

1. スマートフォンのソフトウェアキーボードの 123 キー（数字入力モード）をタップする。
2. #+= キー（記号入力モード）をタップする。
3. ^ キーをタップする。

6 入力データの編集

1 ▶▶ クリア

1）複数セルを削除する

1 範囲を選択して，$\boxed{\text{Delete}}$ キーを押す。

2）セル内のデータの一部を削除する

1 対象セルをダブルクリック，または数式バーをクリックする。

2 削除したいデータの前にマウスポインタを移動して，$\boxed{\text{Delete}}$ キーを押す。または，削除したいデータの後ろにマウスポインタを移動して，$\boxed{\text{Backspace}}$ キーを押す。

2 ▶▶ コピー／移動

1）[ホーム]タブの[クリップボード]グループの活用

1 コピー／移動するセルを選択する。

2 [クリップボード]グループの ▦ ボタン（コピー）／ ✂ ボタン（切り取り）をクリックすると，選択範囲は点滅する点線で囲まれる。

3 コピー／移動させたい場所をクリックし，[クリップボード]グループの ▦ ボタン（貼り付け）をクリックする。

2）右クリックのショートカットメニューの活用

1 コピー／移動するセルを選択する。

2 対象セルの上で右クリックをし，ショートカットメニューから ［コピー］／[切り取り]をクリックすると，選択範囲は点滅する点線で囲まれる。

3 コピー／移動させたい場所のセルをクリックし，ショートカットメニューから[貼り付け]をクリックする。

3）Ctrl キーの活用（ショートカットキー）

1 コピー／移動するセルを選択する。

2 Ctrl キー＋ C （コピー）／ Ctrl キー＋ X （切り取り）を押すと，選択範囲は点滅する点線で囲まれる。

3 コピー／移動させたい場所のセルをクリックし， Ctrl キー＋ V （貼り付け）を押す。

4）アクティブセルの枠の活用（ドラッグ アンド ドロップ）

1 コピー／移動するセルを選択し，アクティブセルの枠にマウスポインタを置く。

2 マウスポインタの形状が矢印の十字マーク ✛ に変わったら，左クリックを押したまま動かす（ドラッグする）と移動し，このとき Ctrl キーを押しながら動かす（ドラッグする）とコピーされる。

ポイント ［貼り付け］を実行する際に，［クリップボード］グループの［貼り付け］ボタンの ▼ のリストや右クリックのショートカットメニューの［貼り付けオプション］に一覧が表示され，貼り付け結果を指定できる。また，［貼り付け］を実行した際にも，🖹(Ctrl)▾ が表示され，これをクリックすると，貼り付けた後から書式などを設定できる。ただし，コピーした内容（文字や数値，数式，グラフや図など）によりオプションに表示されるリストは異なる。

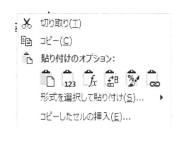

貼り付けオプションの例

🖹 ：コピー元の数式や文字，書式など，そのまま貼り付けたいとき

🖹fx ：貼付先の書式は変えず，数式だけを貼り付けたいとき

🖹%fx ：貼付先の書式は変えず，数式と設定した単位を貼り付けたいとき

🖹123 ：数式だけではなく，計算結果の値を貼り付けたいとき

🖹🖼 ：図として貼り付けたいとき

> **ポイント**　1）～3）のコピー/移動の場合，貼り付けた際に 📋(Ctrl)▾（貼り付けオプション）
> が表示され，コピー/移動元の点線の点滅は消えない。これは，コピー/切り取
> りしたデータは何度も貼り付けることができるためである。📋(Ctrl)▾ を消したい
> ときは，Esc キーを押す。

3 ▶▶ 元に戻す

1）クイックアクセスツールバーの活用

1　クイックアクセスツールバーの ↩ （元に戻す）をクリックすると，直前の操作に戻る。

2　↩▾ 右側の ▼ には過去の操作一覧が表示されるので，直前の操作からさかのぼって
取り消すことができる。

2）Ctrl キーの活用

1　Ctrl キー＋ Z （元に戻す）を押すと直前の操作に戻る。

スマートフォンでの操作

切り取り，コピー，貼り付けの操作，ドラッグ

1. 対象となるセルをタップする。
2. 表示されたメニューから[切り取り]や[コピー]をタップする。
3. 貼り付け（ペースト）したい先のセルをタップしてアクティブにする。
4. もう一度同じセルをタップして[ペースト]をタップする。

さらに形式を選択してペーストすることもできる。

この状態で緑の●をタップしたままスライドするとドラッグになる。

練習問題

問1

1　セルを１つ選んで，以下の文字を入力しなさい。

こんにちは　こんばんは

2　先ほどのセルをダブルクリックして，文の先頭に「おはようございます」と追加しなさい。

3　先ほどのセルの右側のセルに，「今年もよろしくお願いします」と入力した後，列幅を調整して，全文が表示されるようにしなさい。

おはようございます　こんにちは　こんばんは	今年もよろしくお願いします

4　Sheet 1の名前を「練習問題1」に変更しなさい。

5　Sheetをもう１枚追加し，名前を「練習問題2」に変更しなさい。

6　以下のように入力した後，「あ」～「お」を選択し，BackSpace キーを押した後，元に戻す ボタンをクリックしなさい。

あ	い	う	え	お	

7　先ほどの「あ」～「お」を再び選択し，Delete キーを押した後，元に戻す ボタンをクリックしなさい。

8　先ほどの「あ」～「お」の行を選択して右クリックし，新たな行を挿入した後，その行を削除しなさい。

9　先ほどの「あ」～「お」の中から任意の一列を選択して右クリックし，新たな列を挿入した後，その列を削除しなさい。

1　オートフィル機能をフルに活用して，以下の表を作成しなさい。

	A	B	C	D	E	F
1						
2						
3	パソコン教室　出席簿					
4						
5	講義回	第1回	第2回	第3回	第4回	第5回
6	日付	4月11日	4月12日	4月13日	4月14日	4月15日
7	曜日	月	火	水	木	金
8	秋山					
9	飯田					
10	内田					
11	遠藤					
12	尾形					

2　テンキーをフルに活用して，以下の表を完成させなさい。

	A	B	C	D
17	中間テスト　成績表			
18				
19		国語	数学	英語
20	秋山	86	79	80
21	飯田	68	93	83
22	内田	83	79	92
23	遠藤	90	84	91
24	尾形	88	78	86

3　Ctrl キーをフルに活用して，以下のような形でセルを好きな色で塗りつぶしなさい。

	A	B	C	D	E	F
27						
28						
29						
30						
31						
32						
33						
34						
35						
36						

問3

1　以下の計算をワークシートに入力し，計算結果を出しなさい。

4＋10

11－6

9×9

9＋3

2　以下の表を作った後，セル番地を指定して計算式を作り，計算結果をC列のセルに出しなさい。

	A	B
10	足し算（5+9）	
11	5	9
12	引き算（10-6）	
13	10	6
14	掛け算（6×5）	
15	6	5
16	割り算（6÷2）	
17	6	2
18	べき乗計算（5の6乗）	
19	5	6

第2章

基本的な関数

1 関数の基本操作

この章で扱う関数一覧

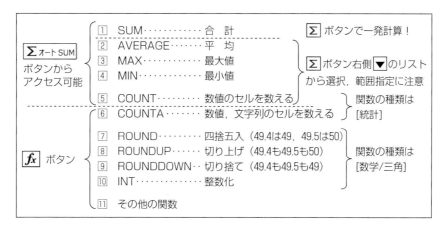

□ ボタンで挿入できる関数と，□ ボタンでしか出せないその他の関数がある。

①〜⑤の関数であれば，□ ボタンから挿入した方が早い。

1 ▶▶ 関数の定義

Excelには，計算方法を定義して登録してある数式があり，これを関数という。

```
＝ 関数名（引数1，引数2，・・・）
①    ②            ③
```

① 先頭に必ず「＝」をつける。

② 半角英数（大文字・小文字どちらでもよい）で関数名を入力する。

③ 引数（ひきすう）をカッコで囲む。引数は，セルが連続している場合は半角コロン（:）で始点セルと終点セルをつなぎ，セルが複数ある場合は半角カンマ（,）で区切る。

2 ▸▸ Σ ボタン

1 Σ オート SUM ボタン右側の ▼ をクリックすると，関数のリストが表示される。

2 関数をクリックすると，アクティブセルに関数式が自動的に表示される。範囲は点滅し，関数のカッコ内にセル番地が入力される。

3 計算したいセルの範囲が合っていれば， Enter キーで確定する。合っていない場合は，マウスで範囲を指定し直す，または関数式のカッコ内のセル番地を入力し直す。

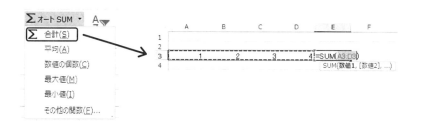

> **ポイント** ［その他の関数］をクリックすると， fx ボタンと同じ操作が始まり，［関数の挿入］ダイアログボックスが表示される。

3 ▸▸ fx ボタン

1 数式バー左側の fx ボタンをクリックすると，［関数の挿入］ダイアログボックスが表示される。

2 ［関数の検索］欄に関数名を直接入力するか，何をしたいか（キーワード）を入力し，検索開始(G) ボタンをクリックする，または［関数の分類］欄のリストから関数のカテゴリーを指定する。

3 ［関数名］欄に関数の候補が表示され，挿入したい関数を選択したら， OK ボタンをクリックする。

4 ［関数の引数］ダイアログボックスが表示され，範囲を指定したら OK ボタンで確定する。

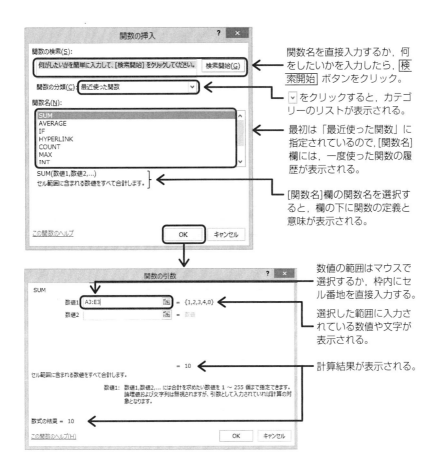

関数名を直接入力するか，何をしたいかを入力したら，[検索開始] ボタンをクリック。

▼ をクリックすると，カテゴリーのリストが表示される。

最初は「最近使った関数」に指定されているので，[関数名]欄には，一度使った関数の履歴が表示される。

[関数名]欄の関数名を選択すると，欄の下に関数の定義と意味が表示される。

数値の範囲はマウスで選択するか，枠内にセル番地を直接入力する。

選択した範囲に入力されている数値や文字が表示される。

計算結果が表示される。

スマートフォンでの操作

関数の検索と入力

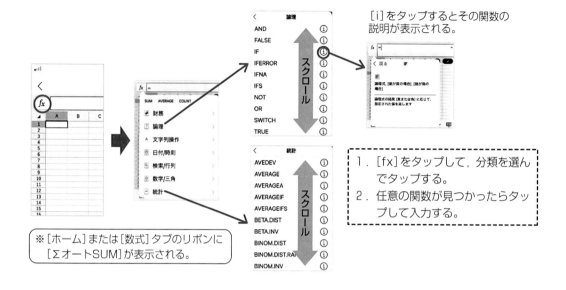

[i]をタップするとその関数の説明が表示される。

1. [fx]をタップして，分類を選んでタップする。
2. 任意の関数が見つかったらタップして入力する。

※ [ホーム]または[数式]タブのリボンに[ΣオートSUM]が表示される。

関数の設定 （例 SUM関数）

1. 関数を入力するセルをタップする。
2. [fx]ボタンをタップして，入力する関数を選ぶ。
3. 設定する引数項目がハイライトされるので，引数に設定するデータをタップ（あるいはドラッグ）する。設定する引数をタップすることで任意の引数を設定できる。
4. 緑のチェックボタンをタップして関数の入力完了。

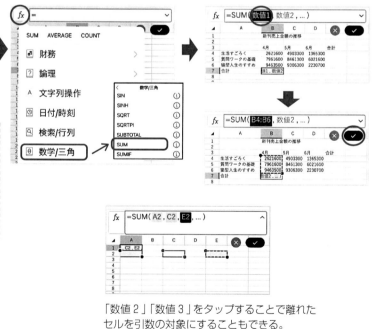

「数値2」「数値3」をタップすることで離れたセルを引数の対象にすることもできる。

2 Σからアクセスできる関数

1 ▶▶ SUM関数

　合計の計算には，先頭に「＝」をつけて計算式を直接入力する，Σ ボタンからSUM関数を入力する，*fx* ボタンからSUM関数を入力する，の3通りのやり方がある。

SUM関数の定義

$$= \text{SUM}（数値1，数値2，\cdots）$$

　引数の例 = SUM (D4:D6)　　　　：セル範囲
　　　　　 = SUM (B4,C5,D6)　　　：複数のセル
　　　　　 = SUM (B4:B6,D4:D6)　 ：複数のセル範囲
　　　　　 = SUM (10,200,3000)　 ：複数の数値

> ポイント　関数のカッコ内の引数の範囲に空欄や文字列のセルを選択しても，計算結果に反映されない。

次の手順で表を完成させなさい。

条件：各月の合計をセルB7〜D7，各雑誌の合計をセルE4〜E6，すべての合計をE7に表示する。

ここではさまざまなやり方で求めてみよう。

1 セルB7に =2612600+7961600+9463500 の計算式を入力する。

2 セルC7に =C4+C5+C6 の計算式を入力する。

3 セルD7に =SUM (D4:D6) の関数を Σ ボタンから入力する。

関数を挿入すると，自動的に範囲が選択され，点滅している枠は，Enter キーを押さなければ，マウスを使って，何度でも選択し直すことが可能。また，点滅した枠をクリックすると，範囲は決定する。

4 セルE4に =SUM (B4:D4) の関数を Σ ボタンから入力する。

5 セルE5に =SUM (B5:D5) の関数を *fx* ボタンから入力する。

必ず引数の範囲が合っているか確認すること。

6 セルE6 に =SUM (B6:D6) の関数を手入力する。

7 セルE6に入力した関数をオートフィルでセルE7にコピーする。

8 セルE4～E7, B7～D7を，Ctrl キーを押しながら同時選択し，Delete キーで削除する。

9 セルB4～E7を同時選択し，Σ ボタンをクリックする。

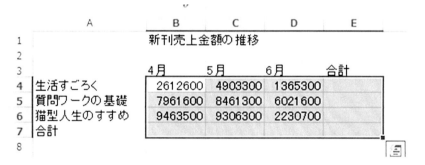

ポイント　引数のセル番地が連続している場合，引数のセル番地を選択したまま Σ ボタンをクリックすると，縦方向に連続であれば終点セルの下側に，横方向に連続であれば終点セルの右側に，計算結果が表示される。

ポイント　オートフィルは連続する文字や数字だけではなく，数式のコピーにも使える。

2 ▶▶ AVERAGE関数

AVERAGE関数の定義

$$= AVERAGE（数値 1 , 数値 2 , \cdots）$$

引数の例 =AVERAGE（D4:D6）　　　　　：セル範囲
　　　　 =AVERAGE（B4,C5,D6）　　　　：複数のセル
　　　　 =AVERAGE（B4:B6,D4:D6）　　：複数のセル範囲
　　　　 =AVERAGE（10,200,3000）　　：複数の数値

次の手順で表を完成させなさい。

条件：各月および合計の平均をセルB8〜E8，各雑誌および合計の平均をセルF4〜F7に表示する。

1 セルB8を選択し，$\boxed{\Sigma}$ ボタン右側の $\boxed{\blacktriangledown}$ から［平均］を選択する。

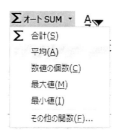

2 マウスで範囲を B4:B6 に指定しなおし，$\boxed{\text{Enter}}$ キーを押す。

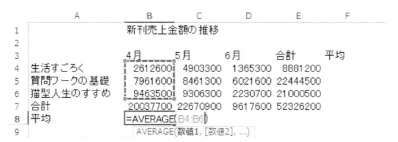

3 同じようにセルF4に B4:D4 の範囲でAVERAGE関数を入力し，オートフィルでセルF7までコピーする。

3 ▶▶ MAX関数，MIN関数

MAX関数，MIN関数の定義

> ＝ MAX （数値1，数値2，・・・）
> ＝ MIN （数値1，数値2，・・・）

引数の例は，SUM関数，AVERAGE関数と同様である。

次の手順で表を完成させなさい。

条件：個人の最高記録をセルE4～E6，最低記録をセルF4～F6に表示する。

	A	B	C	D	E	F
1		50メートル走記録結果				
2				（空白：棄権　×：失格）		
3		一回目	二回目	三回目	最高記録	最低記録
4	宇佐美俊介	8.6	×		9.1		
5	鎌田修三	8.4	8.6	8.5		
6	今村太郎		8.3	8.7		

1 セルE4を選択し，Σ ボタン右側の ▼ から[最小値]のMIN関数を選択する。

2 マウスで範囲を B4:D4 に指定しなおし，Enter キーを押す。

3 セルE4に入力した関数をオートフィルでセルE6までコピーする。

4 セルF4を選択し，Σ ボタン右側の ▼ から[最大値]のMAX関数を選択する。

5 マウスで範囲を B4:D4 に指定しなおし，Enter キーを押す。

6 セルF4に入力した関数をオートフィルでセルF6までコピーする。

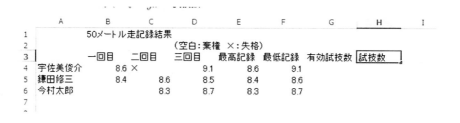

	A	B	C	D	E	F	G	H	I
1		50メートル走記録結果							
2				（空白：棄権　×：失格）					
3		一回目	二回目	三回目	最高記録	最低記録	有効試技数	試技数	
4	宇佐美俊介	8.6	×		9.1	8.6	9.1		
5	鎌田修三	8.4	8.6	8.5	8.4	8.6			
6	今村太郎		8.3	8.7	8.3	8.7			
7									

> **ポイント** 今回のケースのように，最高記録に[最大値]，最低記録に[最小値]を使えるとは限らない場合があることに注意しよう。

スマートフォンでの操作

SUM関数

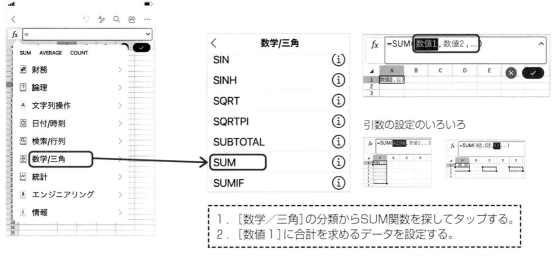

1．[数学／三角]の分類からSUM関数を探してタップする。
2．[数値1]に合計を求めるデータを設定する。

引数の設定については，「関数の設定」を参照。

AVERAGE関数

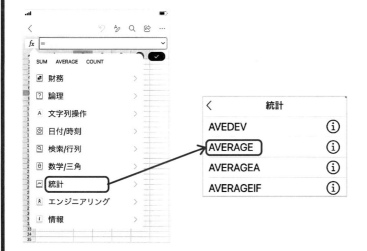

1．[統計]の分類からAVERAGE関数を探してタップする。
2．[数値1]に平均を求めるデータを設定する。

引数の設定については，「関数の設定」を参照。

MAX，MIN関数

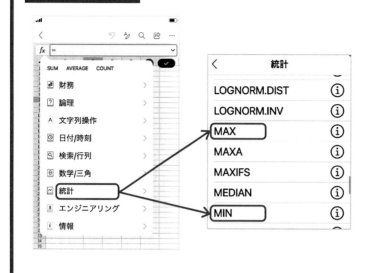

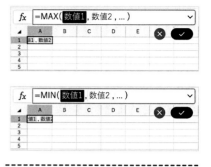

1．［統計］の分類からMAX関数（or MIN関数）を探してタップする。
2．［数値1］に最大（or 最小）を求めるデータを設定する。

引数の設定については，「関数の設定」を参照。

練習問題

問4

▲	A	B	C	D	E	F	G	H
1	年間試験得点表							
2								
3		一学期		二学期		三学期		
4		中間テスト	期末テスト	中間テスト	期末テスト	中間テスト	期末テスト	合計
5	国語	76	86	89	78	78	95	
6	数学	88	93	77	80	91	89	
7	英語	81	82	79	67	87	78	
8	理科	79	84	72	73	92	98	
9	社会	72	87	79	91	81	71	
10	合計							

・上記の表を作成しなさい。

・関数を用いて，セルB10～G10に各テストの合計点を，セルH5～H9に各科目の合計点を，セルH10に総合計を，それぞれ求めなさい。

問5

▲	A	B	C	D	E	F	G	H
1	先月の各店舗ごとの売上表							
2								
3		バナナ	ケール	オレンジ	ブルーベリー	いちご	ミックス	合計
4	日本橋店	836	682	792	852	721	686	
5	品川店	742	679	583	609	769	588	
6	新宿店	751	877	754	721	589	439	
7	上野店	762	633	489	618	578	821	
8	池袋店	742	523	478	512	641	344	
9	吉祥寺店	665	821	689	751	642	527	
10	合計							

・上記の表を作成しなさい。

・関数を用いて，セルB10～G10に各商品の売上合計を，セルH4～H9に各店舗の売上合計を，セルH10に総合計を，それぞれ求めなさい。

問 6

	A	B	C	D	E
1	月別検定申込み数				
2					
3		Word	Excel	PowerPoint	合計
4	1月	8	12	6	
5	2月	6	10	3	
6	3月	12	8	6	
7	4月	8	9	5	
8	5月	9	7	3	
9	6月	5	8	7	
10	7月	8	8	8	
11	8月	16	15	7	
12	9月	4	8	8	
13	10月	7	5	8	
14	11月	9	7	9	
15	12月	8	7	7	
16	合計				

・上記の表を作成しなさい。

・セルB16〜D16に検定別の合計申込み数を，セルE4〜E15に月毎の合計申込み数を，セルE16に総合計を，それぞれ求めなさい。

問 7

	A	B	C	D	E	F
1	ハンバーガー　週間　種類別売上結果表			（単位：個数）		
2		日曜日	月曜日	火曜日	水曜日	木曜日
3	ハンバーガー	321	242	211	231	222
4	チーズバーガー	335	339	321	361	214
5	テリヤキバーガー	359	301	327	351	323
6	チキンバーガー	261	275	319	368	323
7	曜日別平均					

G	H	I
金曜日	土曜日	種別平均
241	267	
311	291	
281	286	
314	269	

・上記の表を作成しなさい。

・関数を用いてセルI3〜I6，B7〜H7に平均を求め，小数点以下第1位まで表示しなさい。

問8

	A	B	C	D	E	F	G	H
1	食品価格動向	調査結果	（単位：円/kg）					
2		1月1日	1月7日	1月13日	1月19日	1月25日	1月31日	平均
3	キャベツ	208	202	195	191	207	221	
4	レタス	530	524	481	470	486	459	
5	トマト	743	734	756	811	830	860	
6	白菜	202	199	211	204	206	215	
7	大根	150	155	149	147	175	192	
8	平均							

・上記の表を作成しなさい。

・関数を用いて，セルH3〜H7，B8〜G8に平均を求め，小数点以下第1位まで表示しなさい。

問9

	A	B	C	D
1	訪日外国人数の推移		（単位：人）	
2		2015年11月	2015年12月	2016年1月
3	韓国	359,845	415,700	514,900
4	台湾	296,499	265,800	321,000
5	中国	362,950	347,100	475,000
6	香港	130,776	157,400	125,000
7	タイ	76,145	93,500	61,100
8	シンガポール	38,205	67,000	15,100
9	オーストラリア	29,463	49,400	56,100
10	アメリカ	88,707	89,900	75,900
11	カナダ	20,797	22,000	17,700
12	イギリス	21,577	19,400	17,600
13	ドイツ	14,723	10,200	9,700
14	フランス	16,277	14,300	12,100
15	合計			
16	最大			
17	最小			

・上記の表を作成しなさい。

・関数を用いて，セルB15〜D15には「合計」，セルB16〜D16には「最大」，セルB17〜D17には「最小」を求めなさい。

出典：JTB総合研究所
　　　http://www.tourism.jp/statistics/

4 ▶▶ COUNT関数（数値のセルの個数を数える）

COUNT関数の定義

$$= COUNT（数値1，数値2，・・・）$$

引数の例は，SUM関数，AVERAGE関数と同様である。

次の手順で表を完成させなさい。

条件：個人の有効試技数をセルG4〜G6に表示する。有効試技とは，有効な記録を残した演技
を指し，棄権や失格は含まれない。

1 セルG4を選択し，$\boxed{\Sigma}$ ボタン右側の $\boxed{\blacktriangledown}$ から[数値の個数]のCOUNT関数を選択する。

2 マウスで範囲をB4:D4に指定しなおし，$\boxed{\text{Enter}}$ キーを押す。

3 セルG4に入力した関数をオートフィルでセルG6までコピーする。

スマートフォンでの操作

COUNT関数

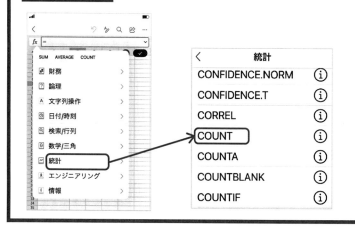

1．[統計]の分類からCOUNT関数を
探してタップする。
2．[数値1]に処理の対象となるデー
タを設定する。

引数の設定については，「関数の設定」を
参照。

3 f_x からアクセスできる関数

1 ▶▶ COUNTA関数（数値と文字のセルの個数を数える）

COUNTA関数の定義

> ＝ COUNTA（数値1，数値2，・・・）

ポイント 引数の例は，SUM関数，AVERAGE関数と同様である。空欄のセルを選択しても，計算結果に反映されない。

次の手順で表を完成させなさい。

条件：個人の試技数をセルH4～H6に表示する（試技とは，棄権以外の実際に行った演技を指し，ファールや失格は演技を行っているので，これに含まれる）。

1 セルH4を選択し，f_x ボタンをクリックする。

2 [関数の分類]の[統計]からCOUNTA関数を選択し，$\boxed{\text{OK}}$ ボタンをクリックする。

3 ［数値1］に B4:D4 を選択して OK ボタンをクリックする。

4 セルH4に入力した関数をオートフィルでセルH6までコピーする。

2 ▶▶ ROUND関数, ROUNDUP関数, ROUNDDOWN関数 （数値を丸める）

ROUND関数（四捨五入），ROUNDUP関数（切り上げ），ROUNDDOWN関数（切り捨て）の定義

> ＝ROUND（数値，桁数）
> ＝ROUNDUP（数値，桁数）
> ＝ROUNDDOWN（数値，桁数）

［**数値**］：四捨五入の対象となる，実際の数値やセル番地，数式などを指定する。

［**桁数**］：小数部表示桁数（小数点以下の表示したい桁数）と考えるとわかりやすい。例えば，数値を小数点以下第3位で四捨五入し，小数点以下第2位で表示させる場合,［桁数］は「2」となる。桁数を計算後の対応は以下のようになる。

桁 数	-3	-2	-1	0	1	2	3
表示桁数の位	整　数（下3桁は0）	整　数（下2桁は0）	整　数（下1桁は0）	整　数（小数部の桁数は0）	小数点以下第1位	小数点以下第2位	小数点以下第3位
計算内容	百の位の数を計算（四捨五入/切り上げ/切り捨て）	十の位の数を計算	一の位の数を計算	小数点以下第1位の数を計算	小数点以下第2位の数を計算	小数点以下第3位の数を計算	小数点以下第4位の数を計算

引数の例 ＝ROUND（123.456, 2）　　123.46

　　　　　（小数点以下第3位の6を四捨五入し，小数点以下第2位で表示）

　　　　＝ROUND（123.456, 0）　　123

　　　　　（小数点以下第1位の4を四捨五入し，整数で表示）

　　　　＝ROUND（123.456, -1）　　120

　　　　　（一の位の3を四捨五入し，十の位未満は0で表示）

> ポイント　"小数点以下第2位を四捨五入する"と"四捨五入して小数点以下第1位まで求める"は同じものである。気を付けること。

　この3つの関数は，その性質からまとめてとらえるべきなので，「ROUND三兄弟」として覚えよう。

次の手順で表を完成させなさい。

条件：月ごとの平均の四捨五入から切り捨てまで（セルB9～E11）は小数点以下第1位（小数点以下第2位を計算）で表示し，各雑誌の平均の四捨五入から切り捨てまで（セルG4～I6）は整数（小数点以下第1位を計算）で表示する。

1 セルB8～E8，F4～F7を選択し，[数値]グループの ↔.0 ボタン（小数点以下の桁数を増やす）で小数点以下の表示桁数を「2桁」まで増やす。

2 セルB9を選択し，*fx* ボタンをクリックする。

3 [関数の分類]の[数学/三角]からROUND関数を選択し，OK ボタンをクリックする。または，[関数の検索]で「四捨五入」と入力し，ROUND関数を検索するやり方もある。

4 [関数の引数]ダイアログボックスの[数値]にB8を選択,[桁数]に 1 と入力し, OK ボタンをクリックする。

5 セルB9に入力した値を,オートフィルでセルE9までコピーする。

6 セルG4を選択し, *fx* ボタンをクリックしたら,[関数名]の一番上にあるROUNDを選択し, OK ボタンをクリックする。

7 [関数の引数]ダイアログボックスの[数値]にF4を選択,[桁数]を 0 と入力し, OK ボタンをクリックする。さらに,セルG4に入力した値を,セルG5〜G7までコピーをする。

8 同じ要領で,セルB10〜E10,H4〜H7に平均値を切り上げるROUNDUP関数,セルB11〜E11,I4〜I7に平均値を切り捨てるROUNDDOWN関数を指定する。

> ポイント 「関数の検索」に何をしたいかを入力する場合,ROUNDUP関数,ROUNDDOWN関数では,それぞれ「切り上げ」「切り捨て」と入力すること。「切上げ」「切捨て」では認識されないので注意。

3 ▶▶ INT関数（整数化）

INT関数の定義

    = INT（数値）

[数値]：整数化の対象となる,実際の数値やセル番地,数式などを指定する。

　小数点を操作する関数にはROUND三兄弟以外に，INT関数（小数点以下を切り捨て，整数化する）がある。ただし，ここでの「整数化」は，引数に入力した[数値]より小さい整数が表示される。

　　引数の例＝INT（12.34）　　　12

　　　　　　　（12.34は12から13の間なので，小さい整数は12）

　　　　　　＝INT（-12.34）　　　-13

　　　　　　　（-12.34は-13から-12の間なので，小さい整数は-13）

ポイント　ROUNDDOWN関数とINT関数では算出結果が異なることを理解しよう。

12.34の場合

＝ROUNDDOWN（12.34，0）　　　答え　　12

＝INT（12.34）　　　　　　　　答え　　12

－12.34の場合

＝ROUNDDOWN（－12.34，0）　　答え　－12

＝INT（－12.34）　　　　　　　答え　－13

※INT関数は引数に設定された[数値]よりも小さい整数を返す。

スマートフォンでの操作

COUNTA関数

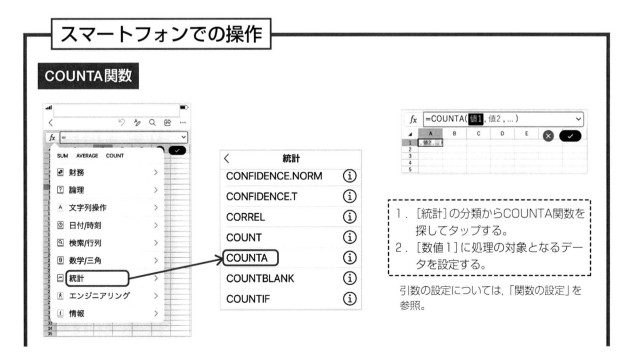

1．[統計]の分類からCOUNTA関数を探してタップする。
2．[数値1]に処理の対象となるデータを設定する。

引数の設定については，「関数の設定」を参照。

ROUND，ROUNDUP，ROUNDDOWN関数

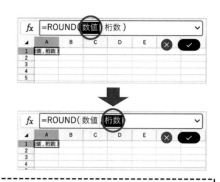

ROUND三兄弟を代表してROUND関数で説明
1．[数学／三角]の分類からROUND関数を
探してタップする。
　[数値]に四捨五入の処理をするデータを
設定する。
　数式を設定するケースが多い。
2．[桁数]に表示させる桁に応じた数字を入
力する。設定する引数の項目を変える
ときは対象の項目をタップする。設定対象
となった項目はハイライトされる。

INT関数

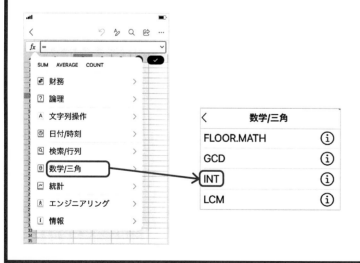

1．[数学／三角]の分類からINT関数
を探してタップする。
2．[数値]に整数化の処理をするデー
タを設定する。数式を設定するケ
ースが多い。

4 関数入力に際して気を付けること

1）いずれ複雑な関数を作らなければならないときに備えて，あえて関数の入力にボタンを用いないで手入力の練習もしておいた方がよい。

2）セルの指定は手入力でもできる。関数を入力する際に小文字でも問題はない。

3）［関数の引数］ダイアログボックスの中央右と左下には予測された値が表示されるので，関数が間違っていないかチェックできる。

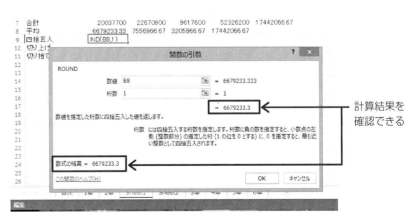

4）間違えた関数を設定してしまったときは，fx ボタンをクリックすれば，もう一度ダイアログボックスが出るので，修正できる。

問10

	A	B	C	D	E	F	G	H
1	陸上競技大会走り高跳び　スコア						(空白:棄権　F:ファール　単位:cm)	
2	1回目	2回目	3回目	4回目	5回目	試技	有効試技	
3	155	157	161 F		163			
4	161 F		163	165 F				
5	158	160 F	F		162			
6		160	162	164 F				

・上記の表を作成しなさい。

・関数を用いて，セルF3〜F6には試技を，セルG3〜G6には有効試技を求めなさい。

問11

	A	B
1	世界遺産検定	受講者名簿
2	氏名	得点
3	井垣太輔	89
4	岡田直子	75
5	加藤純士郎	88
6	三枝夕夏	98
7	渋川健太	欠席
8	立川裕二	92
9	手塚結城	71
10	徳井茂之	93
11	野口美沙	83
12	樋口大河	71
13	福田楓	86
14	申込人数	
15	受験者数	

・上記の表を作成しなさい。

・関数を用いて，セルB14には申込人数を，セルB15には受験者数を求めなさい。

問12

▲	A	B	C	D	E	F	G	H
1	日経平均株価の推移							
2		1月	2月	3月	4月	5月	6月	7月
3	2011年	10237.92	10624.09	9755.1	9849.74	9693.73	9816.09	9833.03
4	2012年	8802.51	9723.24	10083.56	9520.89	8542.73	9006.78	8695.06
5	2013年	11138.66	11559.36	12397.91	13860.86	13774.54	13677.32	13668.32
6	2014年	14914.53	14841.07	14827.83	14304.11	14632.38	15162.1	15620.77
7	2015年	17674.39	18797.94	19206.99	19520.01	20563.15	20235.73	20585.24
8	平均							
9	整数化							

I	J	K	L	M	N	O
8月	9月	10月	11月	12月	平均	整数化
8955.2	8700.29	8988.39	8434.61	8455.35		
8839.91	8870.16	8928.29	9446.01	10395.18		
13388.86	14455.8	14327.94	15661.87	16291.31		
15424.59	16173.52	16413.76	17459.85	17450.77		
18890.48	17388.15	19083.1	19747.47	19033.71		

・上記の表を作成しなさい。

・関数を用いて，セルB8〜M8，N3〜N7に「平均」を求め，小数点以下第1位を切り捨てた値を求めなさい。

・「整数化」のセルB9〜M9，O3〜O7は，関数を用いて平均を整数化した値を求めなさい。

出典：世界経済のネタ帳　　http://ecodb.net/stock/nikkei.html

第3章

よく使う四則演算

1 売上合計

次の表を完成させなさい。灰色セル部分には好きな色を設定しなさい（セルを右クリック→「セルの書式設定」→「塗りつぶし」）。

	A	B	C	D	E	F	G	H	I	J
1		単価	10月1日	10月2日	10月3日	10月4日	個数合計②	売上合計	総合計に占める個数合計②の割合	伸び率
2	メロンパン	220	15	31	21	34				
3	チョココロネ	250	51	32	26	25				
4	揚げパン	300	14	16	11	24				
5	食パン	200	24	12	38	41				
6		個数合計①								
7		個数合計①に占める食パンの割合								

「売上合計」を求める

　　計算式：売上合計 ＝ 単価 × 個数合計 ②

1 SUM関数で個数合計②を算出する。

2 「売上合計＝単価×個数合計②」なので，セルH2に =B2*G2 と入力し，オートフィルでセルH5までコピーする。

SUM ▼ ： ✕ ✓ *fx* =B2*G2

	A	B	C	D	E	F	G	H		H
		単価	10月1日	10月2日	10月3日	10月4日	個数合計②	売上合計		売上合計
1										
2	メロンパン	220	15	31	21	34	101	=B2*G2	→	22220
3	チョココロネ	250	51	32	26	25	134			33500
4	揚げパン	300	14	16	11	24	65			19500
5	食パン	200	24	12	38	41	115			23000
6		個数合計①								

ポイント　間違った数式が入力された可能性があるとき，セルの左上に ╤（エラーインジケータ）が表示される。計算に支障がない場合は無視しても構わないが，気になる場合は，このセルをクリックすると ◈ （エラーチェックオプション）が表示されるので，▼ のリストから［エラーを無視する］を選択すると，エラーインジケータが消える。

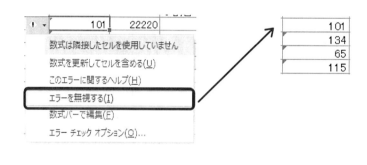

! ▼ | 101 | 22220
数式は隣接したセルを使用していません
数式を更新してセルを含める(U)
このエラーに関するヘルプ(H)
エラーを無視する(I)
数式バーで編集(F)
エラー チェック オプション(O)...

101
134
65
115

2 相対参照の割合（構成比）

「個数合計①に占める食パンの割合」を求める

計算式：割合 ＝ 食パン ÷ 個数合計 ①

1 SUM関数で個数合計②を算出する。

2 「食パン÷個数合計①」なので，セルC7に =C5/C6 と入力し，オートフィルでセルG7までコピーする。

C7	▼	:	×	✓	*fx*	=C5/C6		
	A	B	C	D	E	F	G	H
1		単価	10月1日	10月2日	10月3日	10月4日	個数合計②	売上合計
2	メロンパン	220	15	31	21	34	101	22220
3	チョココロネ	250	51	32	26	25	134	33500
4	揚げパン	300	14	16	11	24	65	19500
5	食パン	200	24	12	38	41	115	23000
6		個数合計①	104	91	96	124	415	
7		個数合計①に占める食パンの割合	0.230769	0.131868	0.395833	0.330645	0.27710843	

この割合の計算では，セルC7に入力されている式「=C5/C6」をオートフィルすると，分子の割られる数は「D5」「E5」「F5」「G5」に，分母の割る数は「D6」「E6」「F6」「G6」に調整される。分母と分子が一緒に調整されることを相対参照といい，Excelでは自動的に行われる。

	A	B	C	D	E	F	G
5	食パン	200	24	12	38	41	115
6		個数合計①	104	91	96	124	415
7		個数合計①に占める食パンの割合	=C5/C6	=D5/D6	=E5/E6	=F5/F6	=G5/G6

分母と分子が一緒に平行移動

3 絶対参照の割合（構成比）

「総合計に占める個数合計②の割合」を求める

計算式：割合 ＝ 個数合計 ② ÷ 個数合計の総合計

1 「個数合計②÷個数合計の総合計」なので，セルI2に ＝G2/G6 と入力する。

2 セルI2の式をコピーしたときに分母の割る数を固定する必要があるため，「=G2/G6」の
G6の右にカーソルを置き，F4 キーを押して「＄」マークをつけ，セルI2の式は
「=G2/$G$6」とする。

3 セルI2に入力した計算式を，オートフィルでセルI5までコピーする。

I2		f_x	=G2/$G$6				← セルI2に入力されている式		

	A	B	C	D	E	F	G	H	I
1		単価	10月1日	10月2日	10月3日	10月4日	個数合計②	売上合計	総合計に占める個数合計②の割合
2	メロンパン	220	15	31	21	34	101	22220	0.243373
3	チョココロネ	250	51	32	26	25	134	33500	0.322892
4	揚げパン	300	14	16	11	24	65	19500	0.156627
5	食パン	200	24	12	38	41	115	23000	0.277108
6		個数合計①	104	91	96	124	415		
7		個数合計①に占める食パンの割合	0.230769	0.131868	0.395833	0.330645	0.27710843		

　この割合の計算では，セルI2に入力されている式「=G2/$G$6」をオートフィルすると，分
子の割られる数は「G3」「G4」「G5」に調整され，分母の割る数はすべて「G6」に固定される。
コピーや移動をしても調整されずに固定されることを絶対参照といい，固定したいセル番地に
絶対参照の指定を行う。

	G	H	I
1	個数合計②	売上合計	総合計に占める個数合計②の割合
2	101	22220	=G2/$G$6
3	134	33500	=G3/$G$6
4	65	19500	=G4/$G$6
5	115	23000	=G5/$G$6
6	415		

分母は固定，分子は分母の
セル番地に近づいていく

絶対参照の指定方法

1）行と列を固定したい：絶対参照

$G$6：「G6」を選択し，F4 キーを1回クリックする。

2）行だけ固定したい：絶対行参照

G$6：「G6」を選択し，F4 キーを2回クリックする。行番号の先頭のみ＄マークが付き，行だけが固定され，列番号は自動調整される。

3）列だけ固定したい：絶対列参照

$G6：「G6」を選択し，F4 キーを3回クリックする。列番号の先頭のみ＄マークが付き，列だけが固定され，行番号は自動調整される。

スマートフォンでの操作

絶対参照の設定

1．絶対参照を設定するセルをタップして，数式バー上の絶対参照にするセル番地をタップする。
2．[参照の種類]をタップし，任意の絶対参照の種類をタップする。
・直接"＄"を入力して絶対参照を設定したり解除することもできる。

4 複雑な計算

1 ▶▶ 伸び率（括弧を使った計算）

「10月1日（最初）を基準とした10月4日（最後）の伸び率」を求める

計算式：伸び率 ＝（最後の値 － 最初の値）／最初の値

1 「（最後の値－最初の値）／最初の値」なので，セルJ2に =(F2-C2)/C2 と入力して，オートフィルでセルJ5までコピーする。

	fx	=(F2-C2)/C2							
	A	B	C	D	E	F	G	H	I	J
1		単価	10月1日	10月2日	10月3日	10月4日	個数合計②	売上合計	総合計に占める個数合計②の割合	伸び率
2	メロンパン	220	15	31	21	34	101	22220	0.243373	1.266666667
3	チョココロネ	250	51	32	26	25	134	33500	0.322892	-0.50980392
4	揚げパン	300	14	16	11	24	65	19500	0.156627	0.714285714
5	食パン	200	24	12	38	41	115	23000	0.277108	0.708333333
6		個数合計①	104	91	96	124	415			
7		個数合計①に占める食パンの割合	0.230769	0.131868	0.395833	0.330645	0.27710843			

ポイント 伸び率とは，「増加率」のことを指し，増加率とは増えた量÷基準値となる。ここでは

増えた量＝10月4日（最後）の値－10月1日（最初）の値

基 準 値＝10月1日（最初）の値

であるので，計算式は「（最後の値−最初の値）／最初の値」となり，これを変形すると，

　　　伸び率＝（最後の値−最初の値）／最初の値

　　　　　　＝最後の値÷最初の値−最初の値÷最初の値

　　　　　　＝最後の値÷最初の値−1

となり，伸び率の計算式は，伸び率＝最後の値÷最初の値−1でもよい。

2 ▶▶ 「セルと数」の計算

「乗車率」を求める

　計算式：乗車率 ＝ 5日間の乗客数合計 ÷ 5日間の最大乗車可能席数

	A	B 座席数	C 便数	D 10日	E 11日	F 12日	G 13日	H 14日	I 合計	J 乗車率
1		今週の路線別乗客数								
2										
3		座席数	便数	10日	11日	12日	13日	14日	合計	乗車率
4	本郷→流山	30	8	16	14	24	15	14	121	
5	流山→本郷	30	6	21	18	23	22	25	145	

1 SUM関数で，セルI4に合計（5日間の乗車数合計）を算出する。

2 5日間の最大乗車可能席数の計算式は「座席×便数×5日」となる。

3 乗車率の計算式は「5日間の乗客数合計÷5日間の最大乗車可能席数」なので，セルJ4には =I4/(B4*C4*5) と入力し，セルJ5までオートフィルでコピーする。

3 ▶▶ 「数と関数」の計算，絶対参照の応用

「売上額」と「1日の平均売上」を求める

　計算式： 売上額 ＝ 醤油ラーメン単価 × 売上 ＋ 味噌ラーメン単価

　　　　　　　　× 売上 ＋ 塩ラーメン単価 × 売上

　　　　1日の平均売上 ＝ 1週間の売上 ÷ 7日

	A	B	C	D	E	F	G	H	I	J
1	中華飯店 曜日別週間売上表									
2		単価	日	月	火	水	木	金	土	一日の平均売上
3	醤油ラーメン	¥650	25	62	32	74	65	18	65	
4	味噌ラーメン	¥700	58	15	41	12	52	25	47	
5	塩ラーメン	¥720	41	48	62	94	43	27	48	
6										
7		売上額								

1 売上額は「単価×売上の足し算」なので，セルC7には =B3*C3+B4*C4+B5*C5 と入力する。

2 オートフィルでコピーする際にB3, B4, B5は固定したいので，それぞれ絶対参照を指定する。

3 セルC7を =$B$3*C3+$B$4*C4+$B$5*C5 と編集し，セルI7までオートフィルでコピーする。

4 1日の平均売上（個数）は「1週間の売上÷7日」なので，セルJ3には =SUM(C3:I3)/7 と入力し，セルJ5までオートフィルでコピーする。

5 百分率表示と％表示

1 ▸▸ ％表示ボタン

1 割合（構成比）として出した数字はまず小数（「0.…」の形）で表示されるので，それらのセルを選択する。

	A	単価	10月1日	10月2日	10月3日	10月4日	個数合計②	売上合計	総合計に占める個数合計②の割合	伸び率
2	メロンパン	220	15	31	21	34	101	22220	0.243373	1.266666667
3	チョココロネ	250	51	32	26	25	134	33500	0.322892	-0.50980392
4	揚げパン	300	14	16	11	24	65	19500	0.156627	0.714285714
5	食パン	200	24	12	38	41	115	23000	0.277108	0.708333333
6	個数合計①		104	91	96	124	415			
7	個数合計①に占める食パンの割合		0.230769	0.131868	0.395833	0.330645	0.27710843			

2 ［ホーム］タブの［数値］グループの ％ ボタン（パーセントスタイル）をクリックすると，％表示に切り替わる。

	A	単価	10月1日	10月2日	10月3日	10月4日	個数合計②	売上合計	総合計に占める個数合計②の割合	伸び率
2	メロンパン	220	15	31	21	34	101	22220	24%	127%
3	チョココロネ	250	51	32	26	25	134	33500	32%	-51%
4	揚げパン	300	14	16	11	24	65	19500	16%	71%
5	食パン	200	24	12	38	41	115	23000	28%	71%
6	個数合計①		104	91	96	124	415			
7	個数合計①に占める食パンの割合		23%	13%	40%	33%	28%			

> **ポイント** ％表示は，百分率の小数点以下第3位が四捨五入され，「整数＋％」の形で表示される。例えば，0.002や0.0005を％表示すると「0％」となる。0.2％や0.05％と表示させる場合は，[ホーム]タブの[数値]グループの [.00→.0] ボタン（小数点以下の表示桁数を増やす）を，増やしたい小数点以下の桁数だけクリックするとよい。

2 ▶▶ 「ROUND三兄弟」と％表示

「ROUND三兄弟」で四捨五入，切り上げ，切り捨てを行った後，％表示したい場合は，引数の[桁数]に「表示したい小数点以下の桁数＋2」の値を入力する。

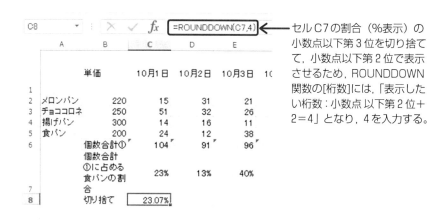

セルC7の割合（％表示）の小数点以下第3位を切り捨てて，小数点以下第2位で表示させるため，ROUNDDOWN関数の[桁数]には，「表示したい桁数：小数点以下第2位＋2＝4」となり，4を入力する。

スマートフォンでの操作

セルのデータ編集 （表示形式の設定）

「ホーム」タブから[表示形式]を探す。
％表示に設定するときは，[パーセンテージ]をタップする。

練習問題

問13

▲	A	B	C	D
1	日本国別アウトバウンドの推移		(単位:人)	
2		2015年11月	2015年12月	伸び率(%)
3	韓国	164,685	159,877	
4	中国	212,200	206,200	
5	台湾	159,431	169,366	
6	香港	97,398	100,783	
7	マカオ	27,217	27,014	
8	タイ	115,525	125,161	
9	シンガポール	67,840	66,719	
10	フィリピン	35,612	42,903	
11	(バリ / インドネシア)	15,512	20,188	
12	ベトナム	60,687	58,770	
13	カナダ	13,526	17,206	
14	(ハワイ / アメリカ)	122,840	130,448	
15	グアム	62,760	67,876	
16	北マリアナ	4,423	6,374	
17	オーストラリア	32,500	36,000	
18	ニュージーランド	8,144	11,376	
19	ドイツ	93,258	89,058	
20	スペイン	92,348	74,653	
21	合計			
22	最大			
23	最小			

・上記の表を作成しなさい。

・関数を用いて，セルB21〜C21には「合計」，セルB22〜C22には「最大」，セルB23〜C23には「最小」を求めなさい。

・セルD3〜D21には2015年11月を基準とした場合の2015年12月までの伸び率を求めて％表示にし，小数点以下第1位まで表しなさい。

問14

▲	A	B	C	D	E	F	G
1	各国GDPの推移		単位:10億USドル				
2	国名	2000年	2005年	2010年	2015年	平均	伸び率
3	アメリカ	10,284.75	13,093.70	14,964.40	17,968.20		
4	中国	1,205.26	2,268.62	6,039.55	11,384.76		
5	日本	4,730.99	4,572.41	5,498.72	4,116.24		
6	ドイツ	1,955.67	2,866.31	3,423.47	3,371.00		
7	イギリス	1,548.75	2,412.35	2,407.35	2,864.90		
8	フランス	1,372.45	2,207.45	2,651.77	2,422.65		
9							
10						最高伸び率	
11						最低伸び率	

・上記の表を作成しなさい。

・関数を用いて，セルF3〜F8には「平均」，セルG10には「最高伸び率」，セルG11には「最低

伸び率」を求めなさい。「平均」は四捨五入して小数点以下第2位まで求めなさい。

・2000年を基準とした場合の，2015年までの「伸び率」を求め，％形式にして小数点以下第1位まで表示したものをセルG3〜G8に出しなさい。

・[桁区切りスタイル]を使用して，数字をカンマ形式で表示しなさい。

出典：http://ecodb.net/

問15

▲	A	B	C	D	E
1	各国の3品目輸出額及び推移			(単位:円)	
2		2000年			
3		食料品	化学製品	一般機械	2000年合計輸出額
4	A国	514,341,000,000	473,819,000,000	154,354,000,000	1,142,514,000,000
5	B国	573,901,000,000	26,901,000,000	793,065,000,000	1,393,867,000,000
6	C国	673,564,000,000	714,341,000,000	243,891,000,000	1,631,796,000,000
7	D国	81,129,000,000	556,431,000,000	913,421,000,000	1,550,981,000,000
8	合計				
9					
10	2000年個別品目割合	食料品	化学製品	一般機械	2015年個別品目割合
11	A国				
12	B国				
13	C国				
14	D国				

	F	G	H	I	J
	2015年				
	食料品	化学製品	一般機械	2015年合計輸出額	合計輸出額推移
	658,913,000,000	481,953,000,000	223,491,000,000		
	462,198,000,000	44,389,000,000	853,491,000,000		
	403,746,000,000	701,534,000,000	339,812,000,000		
	119,074,000,000	563,645,000,000	889,172,000,000		
	食料品	化学製品	一般機械		

・上記の表を作成しなさい。

・関数を用いて，セルE4〜E7，I4〜I7，B8〜I8には「合計」を求めなさい。

・セルJ4〜J8には，2000年合計輸出額を基準とした場合の2015年合計輸出額の「伸び率」を求めなさい。

・セルB11〜D14，F11〜H14には年毎に各国の各項目の合計に対する割合を求め，％形式にして小数点以下第1位まで表示しなさい。

・セルの数値が正しく表示されるように体裁を整えなさい。

問16

	A	B	C	D	E	F	G
1	商品別売上表の推移						
2					2010年		
3		市川店	錦糸町店	水道橋店	販売個数合計	単価(単位:円)	売上金額合計
4	シャーペン	261	341	231		200	
5	ボールペン	281	221	214		220	
6	消しゴム	220	181	189		110	
7	定規	151	121	141		140	
8	ノート	409	387	391		150	
9	合計	1322	1251	1166		820	
10							
11	2010年商品販売個数の割合	市川店	錦糸町店	水道橋店			2015年商品別販売個数の割合
12	シャーペン						シャーペン
13	ボールペン						ボールペン
14	消しゴム						消しゴム
15	定規						定規
16	ノート						ノート

H	I	J	K	L	M	N
		2015年				
市川店	錦糸町店	水道橋店	販売個数合計	単価(単位:円)	売上金額合計	売上金額合計の推移
289	571	441		210		
301	313	366		230		
254	232	186		120		
114	120	131		150		
384	327	314		160		
1342	1563	1438		870		
市川店	錦糸町店	水道橋店				

・上記の表を作成しなさい。

・セルE4～E8，K4～K8には「販売個数合計」を求めなさい。

・関数を用いて，セルG4～G8，M4～M8には「売上金額合計」を求めなさい。

・関数を用いて，セルB9～M9まで「合計」を求めなさい。

・セルN4～N8には，2010年の売上金額合計を基準とした場合の2015年の売上金額合計の「推移（伸び率）」を求めなさい。

・セルB12～D16，H12～J16には年毎に各商品の販売個数の割合を求め，％表示にして小数点以下第1位まで表しなさい。

・単価と売上金額合計は￥表示にしなさい。

第4章

IF関数

1 ▶▶ IF関数の使い方

　IF関数は，「もし〜ならば」の条件に対して，条件に一致する場合の答えと一致しない場合の答えを指定する関数であり，条件を「論理式」，条件に一致することを「真」，一致しないことを「偽」と言う。

IF関数の定義

> ＝IF（論理式，真の場合，偽の場合）

引数の例

　=IF（D4="男性", 1, 2）

　　：セルD4に男性と入力されているならば，1と表示し，そうでなければ2と表示する

　=IF（D4>=60, "合格", "不合格"）

　　：セルD4が60以上ならば，合格と表示し，そうでなければ不合格と表示する

　=IF（D4>E4, "＋", " "）

　　：セルD4がE4より大きいならば，＋と表示し，それ以外は空欄にする

　=IF（D4=0, " ", SUM(E5:E7)）

　　：セルD4が0ならば，何も表示しない，そうでなければE5からE7の合計を表示する

　IF関数の引数には，数値や数式のほかに文字を扱うケースが多い。その場合，文字列には両

側に ダブルコーテーション (") を付け，空欄の場合（何も入力しない）は""と入力する。

ポイント　IF関数を理解するコツとしては，日本語で条件文を書き，それをIF関数に「翻訳」
する

「もし，平均点が65点以上 なら，合格，そうでなければ，不合格」
↓　　　↓　　　　　　　　　　↓　　　　↓　　　　　　　↓
IF　（　　論理式　　　　，真の場合　　，　　偽の場合）
=IF（平均点が65点以上，合格，不合格）
=IF（E4>=65, "合格", "不合格"）

---

2 ▶▶ 条件で使える記号

IF関数の条件で使われる数式の等号などの記号は，比較演算子と呼ぶ。

記 号	意 味	説 明	使用例
=	一 致	等しい	E4=6 ：セルE4が6である
>	超 過	より大きい	E4>6 ：セルE4が6より大きい
<	未 満	より小さい	E4<6 ：セルE4が6未満である
>=	以 上	等しいか，より大きい	E4>=6：セルE4が6以上
<=	以 下	等しいか，より小さい	E4<=6：セルE4が6以下
<>	不一致	等しくない	E4<>6：セルE4が6以外

不等号式作成の注意点
1）「以上／以下」，「より大きい／より小さい」の違いに気を付ける。
2）論理式では，必ずセル番地は左，数値は右。例：B4>5
3）不等号（>）の向きに気を付ける。不等号が開いているほうに大きいものを置く。例：
B4>=5なら「B4が5以上」
4）必ず不等号（>）は左，等号（=）は右。例：B4<=5

スマートフォンでの操作

IF関数

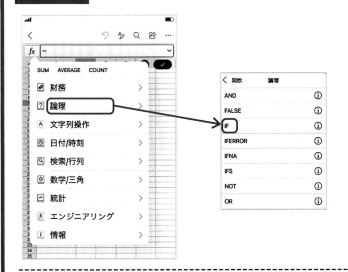

１．[論理]の分類からIF関数を探してタップする。

２．[論理式]に条件の式を入力する。

３．[値が真の場合]を設定する。

４．[値が偽の場合]を設定する。

　　設定したい引数をタップすることで設定することができる。

　　設定対象となっている引数はハイライトされる。

　　「真の場合」「偽の場合」に数値や数式以外を設定する場合に

　　「 "" 」を忘れないように。

2 不等号を使ったIF関数

ダブルス型とは

　真の場合と偽の場合の両方に結果が表示されるIF関数の型。

シングルス型とは

　真の場合か偽の場合のどちらか1つに結果が表示されるIF関数の型。

1 ▶▶ 「ダブルス型」の条件式 （真の場合と偽の場合の両方を定義する場合）

条件：判定1「平均点が65点以上なら合格，そうでなければ不合格」

　　⇒ 論理式：平均点（セルE4）が65以上，真の場合：合格，偽の場合：不合格

1 セルF4を選択し，**_fx_** ボタンをクリックして，[関数名]からIF関数を選択すると，[関数の引数]ダイアログボックスが表示される。

2 [論理式]に，E4>=65 と入力する。

3 [真の場合]に，合格 と入力する。

4 [偽の場合]にカーソルを移すと，合格 の左右に自動的に " "（ダブルコーテーション）がつく。

5 [偽の場合] に，不合格 と入力する。

6 OK ボタンをクリックする。

7 セルF5に =IF(E5>=65, "合格", "不合格") と手入力する。

8 セルF6にオートフィルでコピーする。

ポイント ダイアログボックス操作のポイント

論理式の対象になっているセルについて，条件が当てはまるなら「TRUE」，当ては
まらないなら「FALSE」が，「論理式」の右側に表示される。右下と左下に，数式
の結果予想が表示されるので，自分が作った論理式が正しいか確認しながら入力す
る。カーソルの位置を見ることで，自分が正しい位置に正しいものを入力している
か確認する。

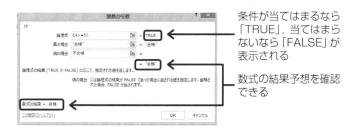

条件が当てはまるなら
「TRUE」，当てはまら
ないなら「FALSE」が
表示される

数式の結果予想を確認
できる

---

2 ▶▶ 「シングルス型」の条件式（真の場合あるいは偽の場合のどちらかを空白で定義する場合）

条件：学年賞1「平均点が80点より大きければ学年賞授与，そうでなければ何も表示しない」

　　⇒ 論理式：平均点（セルE4）が80より大きい，真の場合：学年賞授与，偽の場合：空欄

1 セルG4を選択し，f_x ボタンをクリックして，[関数名]からIF関数を選択すると，[関数
の引数]ダイアログボックスが表示される。

2 [論理式]に，E4>80 と入力する。

3 [真の場合]に，学年賞授与 と入力する。

4 [偽の場合]にカーソルを移すと，学年賞授与 の左右に " " がつく。

5 [偽の場合]に，" " と入力する。

6 OK ボタンをクリックする。

7 セルG5に =IF(E5>80,"学年賞授与"," ") と手入力する。

8 セルG6にオートフィルでコピーする。

---

3 ▶▶ 逆向きからのIF関数作り

逆向きから関数を作り直すポイント

1）不等号の向きが逆になる。

2）「以上（>=）」の反対は「未満（<）」という条件で，「以下（<=）」の反対は「より大きい
　　（>）」という条件で式を作り直さねばならないので，等号の有無が逆になる。

3）「真の場合」と「偽の場合」がちょうど逆になる。

4）等号（=）の場合は，等しくない（<>）となる。

条件：判定2は判定1の逆向きで，学年賞2は学年賞1の逆向きでIF関数を作成する

1 判定1は「平均点が65点以上なら合格，そうでなければ不合格」であるので，判定2は
「平均点が65点未満なら不合格，そうではない場合には合格」という条件となる。

2 セルH4を選択し，IF関数の[関数の引数]ダイアログボックスを表示させる。

3 [論理式]に E4<65，[真の場合]に 不合格，[偽の場合]に 合格 と入力し，OK ボタンを
クリックする。

4 セルH5に =IF(E4<65, "不合格", "合格") と手入力する。

5 セルH6にオートフィルでコピーする。

6 学年賞1は「平均点が80点より大きければ学年賞授与，そうでなければ何も表示しない」

であるので，学年賞2は「平均点が80点以下なら何も表示しない，そうでなければ学年賞授与」という条件となる。

7 セルI4にIF関数を作り，セルI6までオートフィルでコピーする。

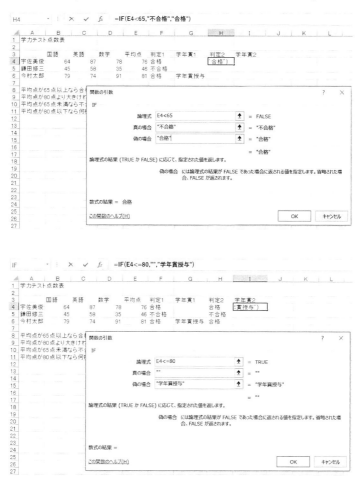

3 等号を使ったIF関数

1 ▶▶ 数値の等号

条件：「卒業論文単位がゼロなら留年，そうでなければ卒業」

　⇒ 論理式：卒業論文単位（セルB4）がゼロ，真の場合：留年，偽の場合：卒業

1 セルC4を選択し，IF関数の[関数の引数]ダイアログボックスを表示させる。

2 [論理式]に B4=0，[真の場合]に 留年，[偽の場合]に 卒業 と入力し，OK ボタンをクリックする。

3 セルC5に =IF(B5=0, "留年", "卒業") と手入力する。

4 セルC9までオートフィルでコピーする。

5 セルD4に「卒業論文単位が2なら卒業，そうでなければ留年」という条件でIF関数を作り，セルD9までオートフィルでコピーする。

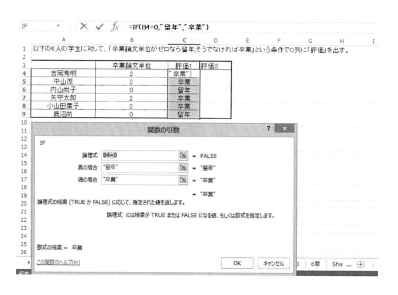

2 ▶▶ 文字列の等号

条件：「回答者が男性ならば1，そうでなければ2」

　　⇒ 論理式：回答者（セルB3）が男性，真の場合：1，偽の場合：2

1 セルE3を選択し，IF関数の[関数の引数]ダイアログボックスを表示させる。

2 [論理式]に B3="男性"，[真の場合]に 1，[偽の場合]に 2 と入力し，OK ボタンをクリックする。

3 セルE4に =IF(B4="男性",1,2) と手入力する。

4 セルE22までオートフィルでコピーする。

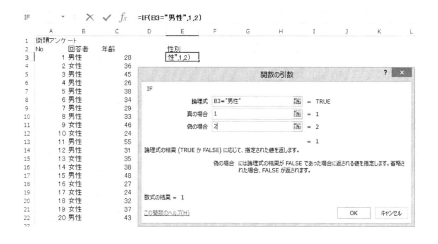

> **ポイント**　関数の引数のダイアログボックスの[真の場合]と[偽の場合]に文字を入力した際は，文字の左右に自動的に "（ダブルコーテーション）がつくが，[論理式]にセルと文字と等号の式を入力する際には，自動的に " は付かないので，必ず文字の左右に "（ダブルコーテーション）を入力することを忘れないようにしよう。また，セルにIF関数を手入力する場合は，すべての引数に自動的に " は付かない。

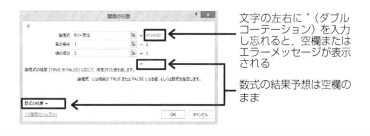

文字の左右に "（ダブルコーテーション）を入力し忘れると，空欄またはエラーメッセージが表示される

数式の結果予想は空欄のまま

4 計算式を含むIF関数

条件：「ボーナスは契約1件につき4000円支給され，契約の合計が25件以上の場合のみさらに1.5倍になる」

1 条件は，「合計が25件以上なら，ボーナスは合計かける4000円の1.5倍，そうでなければボーナスは合計かける4000円」と書き換えることができるので，引数は次の内容になる。

⇒ 論理式：合計（セルF4）が25以上，真の場合：合計×4000円×1.5倍，偽の場合：合計×4000円

2 セルG4を選択し，IF関数の[関数の引数]ダイアログボックスを表示させる。

3 [論理式]に F4>=25，[真の場合]に F4*4000*1.5，[偽の場合]に F4*4000 と入力し，OK ボタンをクリックする。

4 セルG5に =IF(F5>=25, F5*4000*1.5, F5*4000) と手入力する。

5 セルG6にオートフィルでコピーする。

6 セルH4に「合計が25件未満であれば，契約1件につき4000円支給され，そうでなければさらに1.5倍になる」という条件でIF関数を作り，セルH6までオートフィルでコピーする。

練習問題

問17

	A	B 8月1日	C 8月4日	D 8月7日	E 8月10日	F 8月13日	G 8月16日	H 8月19日	I 8月22日	J 8月25日	K 8月28日	L 8月31日	M
1	夏季休業中 集中講義 出席表(全11回)												
2													
3	出席確認表												
4		8月1日	8月4日	8月7日	8月10日	8月13日	8月16日	8月19日	8月22日	8月25日	8月28日	8月31日	合計
5	遠藤浩	1	1	0	1	1		1	1	1	1	1	
6	木村裕二	1	1	1	1		1	1	1	1	1	1	
7	斎藤克也	1	1	1	0	0	1	1	0	1	1	1	
8	津川理沙	0	0	1	0	1	1	1	1	0	1	1	
9	新島瑞穂	0	0	0	1	1	0	0	1	1	0		
10	原田紘	1	1	1	0	1	1	0	1	0	1		
11	松本貫大	1	0	1	0	1	1	0	1	1	0		
12	矢口舞	1	1	1	1	0	1	1	1	0	1		
13	合計												
14													
15	出席簿												
16		8月1日	8月4日	8月7日	8月10日	8月13日	8月16日	8月19日	8月22日	8月25日	8月28日	8月31日	
17	遠藤浩												
18	木村裕二												
19	斎藤克也												
20	津川理沙												
21	新島瑞穂												
22	原田紘												
23	松本貫大												
24	矢口舞												

・上記2つの表を作成しなさい。

・関数を用いて，セルB13～L13に各日の出席人数の合計を，セルM5～M12に各人の通算出席数の合計を，セルM13に総合計を求めなさい。

・「出席簿」のセルB17～L24には，「出席確認表」を基に関数を用いて，「1」であれば「○」，「0」ならば（そうでなければ）「×」と表示されるようにしなさい。

問18

	A	B	C
1	スポーツジム会員名簿		
2			
3	会員氏名	獲得ポイント	会員種別
4	打川亮輔	214	
5	小早川雄也	189	
6	工藤佳織	154	
7	畠山一歩	271	
8	郡山美穂	199	

・上記の表を作成しなさい。

・C列の「会員種別」には，「獲得ポイント」が200以上の場合なら「優待」，そうでなければ「一般」と表示されるようにしなさい。

	A	B	C	D	E
1	身体測定表				
2					
3		身長(m)	体重(kg)	BMI	判定
4	宇野	1.67	63		
5	栗林	1.81	71		
6	豊田	1.7	64		
7	中村	1.64	74		
8	松山	1.78	67		

・上記の表を作成しなさい。

・D列の「BMI」は体重(kg)÷身長(m)2乗の計算式で求めなさい。

・E列の「判定」は，BMIが25以上の場合のみ「肥満型」と表示するようにしなさい。

第5章

表の編集

1 フォントの編集（[ホーム]タブの［フォント］グループの活用）

1 ▶▶ 文字の編集の基本

　フォントは「游ゴシック」，フォントサイズは「11」が初期設定である。また，数値は「右揃え」，文字は「左揃え」が初期設定である。

　［フォント］グループのコマンドボタンはほぼWordと同じだが，編集方法はWordとは異なり，選択したセルの中の文字の書式を指定する。

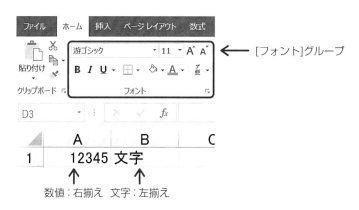

数値：右揃え　文字：左揃え

1 セルA4〜A7を選択したら，Ctrl キーを押しながら，セルB3〜E3を選択する。

2 ［フォント］グループの［フォントサイズ］を「12」に変更する。

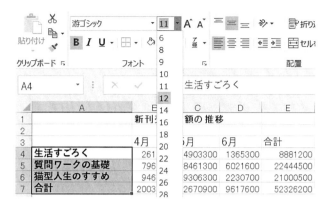

2 ▶▶ 塗りつぶしボタン

選択したセルを好きな色で塗りつぶすには，［フォント］グループの 🪣 ボタン（塗りつぶし）を使う。

1 塗りつぶすセルを選択し，［フォント］グループの 🪣 ボタンの ▼ をクリックし，色見本から選択する。

2 色見本以外の色を選択したい場合は，［その他の色］をクリックし，色を選択する。

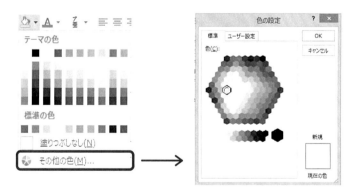

スマートフォンでの操作

セルの書式設定

［ホーム］タブから書式を設定する各ボタンをタップする。

セルの塗りつぶし

 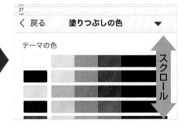 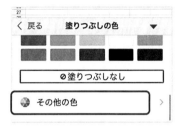

［ホーム］タブから［塗りつぶしの色］
をタップする。

スクロールすると隠れているメニューが表示される。
［その他の色］をタップすることで，さまざまな色を選択する
ことができる。

2 文字の配置や方向の編集
([ホーム]タブの [配置] グループの活用)

1 ▶▶ セルの左右揃え，上下揃え

上下方向の文字揃えは ‖≡≡≡‖ ，左右方向の文字揃えは ‖≡≡≡‖ を使う。

1 セルA4〜A7，B3〜E3を選択する。

2 [配置]グループの ≡ ボタン（中央揃え）をクリックする。

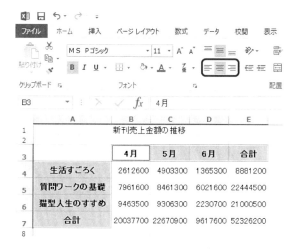

2 ▶▶ セルを結合して中央揃え

1 セルA1〜E1を選択する。

2 [配置]グループの [セルを結合して中央揃え ▾] ボタンをクリックする。

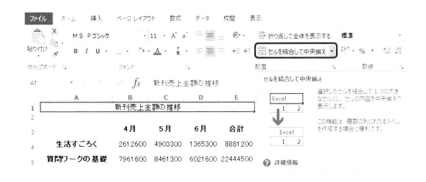

ポイント セルを結合する際，文字や数値が入力されたセルが複数あると，横並びの複数セルでは左端に入力されている内容以外は消去され，縦並びの複数セルでは上端に入力されている内容以外は消去されてしまうので，注意しよう。

例　セル B4～D4を結合して中央揃え

入力セルが
複数あると，
確認画面が
表示される。

3 ▶▶ 折り返して全体を表示する

セルからはみ出た入力内容は，[配置]グループの[折り返して全体を表示する]ボタンを使うと，セルの幅を変えずに高さを変えることでセルの中に文字を収めることができる。

1 セルE9を選択し，[配置]グループの ■ 折り返して全体を表示する をクリックする。

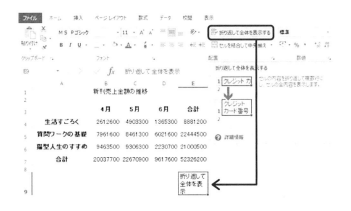

4 ▶▶ 文字方向

通常，文字の方向は横書きであるが，縦書きや文字に角度をつけることができる。

1 セルG4，G5を選択し，[配置]グループの ![文字方向ボタン] ボタン（文字の方向を変える）右側の ▼ から，[縦書き]を選ぶ。

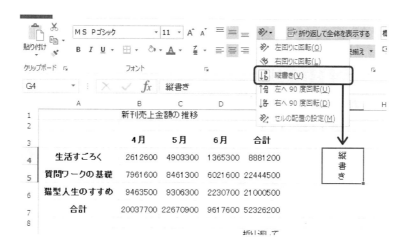

スマートフォンでの操作

セルの左右揃え，上下揃え

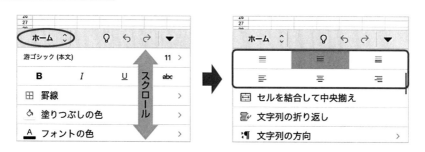

セルを結合して中央揃え

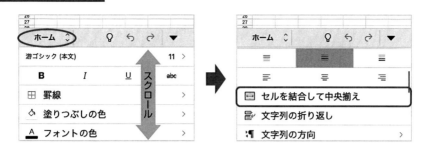

折り返して全体を表示

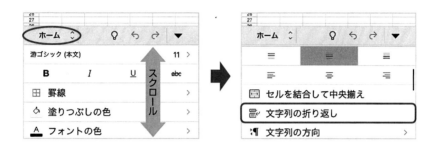

文字方向

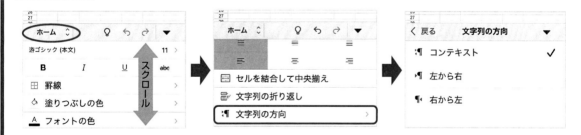

セルの左右揃え・上下揃え，折り返し，文字方向の設定は，[ホーム]タブから行う。
メニューをスクロールすることでさまざまな機能が表示されるので，任意の機能のボタンをタップする。

3 表示形式の編集（[ホーム] タブの [数値] グループの活用）

1 ▶▶ 通貨表示形式

1）日本円（¥）の場合

1 [数値]グループの ![通貨ボタン] ボタン（通貨表示形式）をクリック。

2 数値の先頭に「¥」マークが付き，3桁ごとにカンマ (,) が付く。整数で表示される。

2）US ドル（$）の場合

1 [数値]グループの ![通貨ボタン] ボタン右側の ▼ のリストから，「$ 英語（米国）」を選択する。

2 数値の先頭に「$」マークが付き，3桁ごとにカンマ (,) および小数点以下第2位まで表示される。

ポイント ![通貨ボタン] ボタン右側の ▼ のリストから「¥日本語」を選択すると，¥マークとカンマに加えて，小数点以下第2位まで表示されるため，リストは使わず ![通貨ボタン] をクリックした方がよい。

また， ▼ のリストにない外国通貨は，[その他の通貨表示形式] を選択すると，[セルの書式設定] ダイアログボックスの [表示形式] タブの中にある [通貨] から，外国通貨の単位を選択する。

2 ▶▶ 桁区切りスタイル

金額表の場合，3桁ごとにカンマを付ける形式で表記されることがある。その場合は，,ボタン（桁区切りスタイル）を使うとよい。

1 数値が記入されたセルをすべて選択し，[数値]グループの , ボタンをクリックする。

2 3桁ごとに桁区切りのカンマ（,）が付く。小数部については，見かけ上，四捨五入された形で表示される。

> ポイント　通貨表示形式 ，% ，桁区切りスタイル , の3つのボタンは，一度押すと，もう一度押しても表示形式は元には戻らないので，元に戻したい時は，上のプルダウンメニューから表示形式を[標準]に戻す。
>
>

スマートフォンでの操作

通貨表示形式，桁区切りスタイル

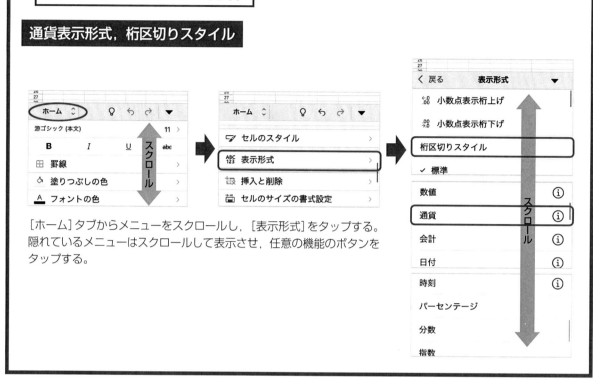

［ホーム］タブからメニューをスクロールし，［表示形式］をタップする。
隠れているメニューはスクロールして表示させ，任意の機能のボタンを
タップする。

4 セルの挿入・削除（[ホーム] タブの [セル] グループの活用）

1 ▶▶ セルの挿入

1 [セル]グループの ⊞挿入 ボタン（挿入）下側の ▼ のリストから，[セルの挿入]をクリックする。

2 ダイアログボックスからセルの挿入方向を指定する。

2 ▶▶ セルの削除

1 [セル]グループの ⊞削除 ボタン（削除）下側の ▼ のリストから，[セルの削除]をクリックする。

2 ダイアログボックスからセルの削除方向を指定する。

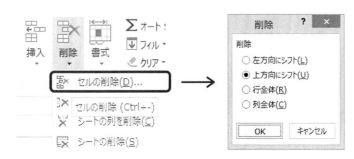

3 ▶▶ セルの移動

1 アクティブセルの上下左右の境界線上にマウスポインタを置くと，マウスポインタが ✛ （上下左右の矢印）の形に変わる。

2 クリックしながらマウスを動かすと，そのセルを移動させることができる。

> **ポイント** マウスポインタがアクティブセルの境界線の中（セルの中）にずれると，ポインタの形が白い十字 ✛ に変わり，そのままマウスをドラッグすると，複数セルを選択する作業に変わる。アクティブセルの右下のポイントに近づけてしまうと，ポインタの形が黒い十字 ➕ に変わり，オートフィルの作業に変わる。マウスポインタの位置や形状を確認してからドラッグしないと，別の編集をしてしまうことがあるので，注意しよう。
>
>
>
> アクティブセルの内部　　　　　　　　アクティブセルの右下隅

スマートフォンでの操作

セルの挿入・削除

ホーム ⌄	〔戻る　挿入と削除
游ゴシック (本文)　　　11 >	⊞ 挿入して右方向にシフト
B　*I*　<u>U</u>　abc	⊞ 挿入して下方向にシフト
⊞ 罫線 >	⊟ 行の挿入
◇ 塗りつぶしの色 >	⊞ 列の挿入
A フォントの色 >	⊞ 削除して左方向にシフト
ABC 123 表示形式 >	⊞ 削除して上方向にシフト
⊞ 挿入と削除 >	⊟ 行の削除
⊞ セルのサイズの書式設定 >	⊞ 列の削除
⊘ クリア >	

[ホーム]タブから[挿入と削除]をタップする。

隠れているメニューはスクロールして表示させ，任意の機能のボタンをタップする。

5 シートの編集

1 ▶▶ シートの挿入・削除

1）シートの挿入

1 コピー先のシートを増やす場合は，シート見出しの右側にある⊕（新しいシートボタン）をクリックする。

2 シート下の「シート見出し」の上で右クリックをし，[挿入]を選択する。

3 [ホーム]タブの[セル]グループの[挿入]から，[シートの挿入]を選択する。

2）シートの削除

1 削除したいシートの「シート見出し」の上で右クリックをし，[削除]を選択する。

2 [ホーム]タブの[セル]グループから，[シートの削除]を選択する。

2 ▶▶ シート全体の選択とコピーと貼り付け

1 列番号Aと行番号1の間の四角（全セル選択ボタン）をマウスでクリックし，シート全体を選択する。

2 右クリックのショートカットメニューから，コピーを選択する。

3 コピー先のシートのセルA1をクリックし，右クリックのショートカットメニューから，[貼り付け]を選ぶ。

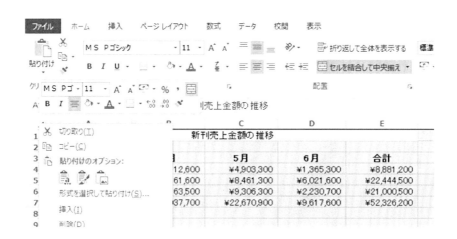

スマートフォンでの操作

シートの挿入・削除

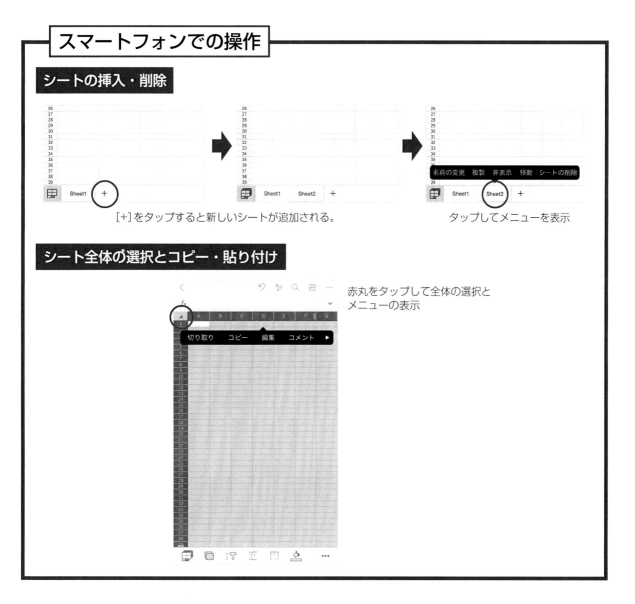

[+]をタップすると新しいシートが追加される。

タップしてメニューを表示

シート全体の選択とコピー・貼り付け

赤丸をタップして全体の選択と
メニューの表示

6 罫線の引き方

1 ▶▶ 簡単な罫線の引き方（2種類まで）

条件：表の外枠は太線，内側はすべて実線とする。

1 罫線を引きたい範囲を選択する。

2 ［フォント］グループの ⊞▾ ボタン（罫線）の右側にある ▼ のリストから［格子］を選択する。

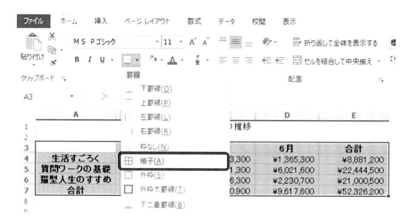

3 同じく ⊞▾ ボタンの ▼ のリストから［外枠太罫線］を選択する。なお，［格子］→［外枠太罫線］の順が逆になると，外枠太罫線が消えてしまうので，注意する。

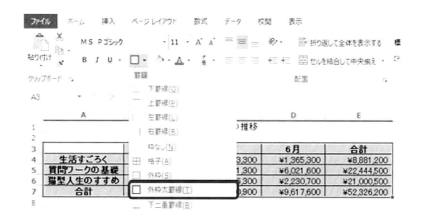

ポイント　選択したセルが1つであれば，[格子]と[外枠]は同じ場所に罫線を引くが，選択範囲が複数セルの場合は，罫線を引く場所が異なるので，混同しないように注意しよう。

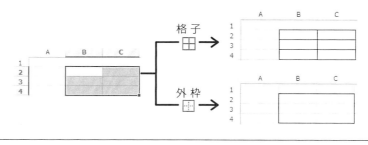

ポイント　一度罫線を引くと，⊞▾ ボタンをクリックしても罫線は消えない。例えば，格子状に罫線が引かれている場合に，⊡（外枠）を選択しても，内側の罫線は消えない。このようなときは，一度 ⊡（枠なし）を選択して罫線を消去してから，改めて罫線を引き直すとよい。

なお，⊞▾ ボタンの ▼ のリストを選択せずに，単に ⊞ ボタンをクリックすると，直前に選んだ内容で罫線が引かれる。

2 ▶▶ 複雑な罫線の引き方（3種類以上）

1）[セルの書式設定]ダイアログボックスを使う方法

1 罫線を引きたい範囲を選ぶ。

2 右クリックから[セルの書式設定]を選択する。あるいは,[ホーム]タブの[フォント]・[配置]・[数値]グループいずれかの右下にある ⌐ の矢印をクリックする。

3 ダイアログボックスから[罫線]タブを選択する。

4 左の[スタイル]から引きたい線の種類を選択し,右の[罫線]から,線を引く位置を選択する。

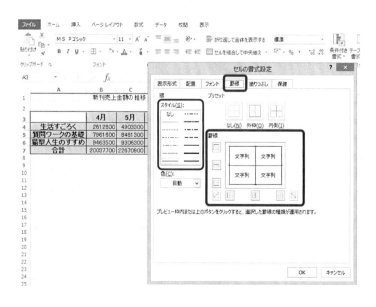

2）[罫線]ボタンを使う方法

1 ［ホーム］タブの ⊞▼ ボタンの［線のスタイル］から引きたい線の種類を選択する。

2 マウスの先が鉛筆の形になるので，線を描きたい範囲をクリックしながらマウスを動かす。

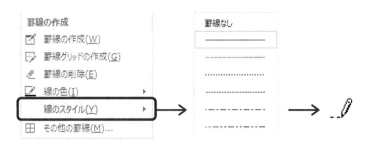

3 線を消したい時は［罫線の削除］をクリック。マウスの先が消しゴムの形になるので，線を消したい範囲でマウスを動かす。

ポイント　斜線を引く場合，[セルの書式設定] ダイアログボックスの [罫線] タブを選択して，罫線の斜線ボタンをクリックするか，[ホーム] タブの ⊞▼ ボタンの [線のスタイル] から，鉛筆で直接斜線を引く。

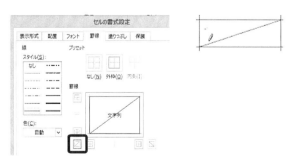

なお，斜線はセル単位ごとに引かれるため，２つ以上のセルをまたいだ斜線を引くことはできない。その場合は，セルを結合してから斜線を引くこと。

ポイント ほとんどの作業は［ホーム］タブのコマンドボタンでできる。だが，複雑な罫線，
［縮小して全体を表示する］のセル配置など，右クリックから［セルの書式設定］を
出さないと使えない機能もある。

スマートフォンでの操作

罫　線

［ホーム］タブから［罫線］ボタンをタップする。
隠れているメニューはスクロールして表示させ，任意の機能をタップする。

練習問題

問20

	A	B	C	D	E	F	G
1	東南アジア連合及び南アジア地域協力連合の人口比				(単位:人)		
2			人口				
3			1990年	2000年	2010年	伸び率	総合計に対する各国の割合
4	連合東南アジア諸国（ASEAN）	インドネシア	178,600,000	208,900,000	240,700,000		
5		シンガポール	3,047,000	4,028,000	5,077,000		
6		タイ	56,580,000	62,340,000	66,400,000		
7		フィリピン	61,950,000	77,650,000	93,440,000		
8		マレーシア	18,210,000	23,420,000	28,280,000		
9		ブルネイ	256,900	331,800	400,600		
10		ベトナム	66,020,000	77,630,000	86,930,000		
11		ミャンマー	42,120,000	48,450,000	51,930,000		
12		ラオス	4,245,000	5,388,000	6,396,000		
13		カンボジア	9,057,000	12,220,000	14,360,000		
14		合計					
15	連合南アジア地域協力（SAARC）	インド	357,560,000	688,850,000	1,001,690,000		
16		パキスタン	111,100,000	143,800,000	173,100,000		
17		バングラデシュ	107,400,000	132,400,000	151,100,000		
18		スリランカ	17,020,000	19,100,000	20,650,000		
19		ネパール	18,110,000	23,180,000	26,850,000		
20		ブータン	535,700	564,400	716,900		
21		モルディブ	215,900	272,700	325,700		
22		アフガニスタン	11,730,000	20,600,000	28,400,000		
23		合計					

- 上記の表を作成しなさい。
- セルC14〜E14，C23〜E23に関数を用いて年ごとの合計を求めなさい。
- 1990年を基準とした2010年の伸び率をセルF4〜F13，F15〜F22に求めて，％表示にし，小数点以下第1位まで求めなさい。
- 2010年のそれぞれの連合の合計に対する各国の人口割合をセルG4〜G13，G15〜G22に求めて，％表示にし，小数点以下第1位まで表示しなさい。
- セルA4〜A13，A15〜A22のセルは結合し，フォントを16ポイントにして色をつけ，折り返して縦書きで表示しなさい。
- 表は太線，点線，二重線，格子の4種類の罫線を用いて作成しなさい。

問21

	A	B	C	D	E	F	G	H	I
1	2016年度　恵比寿中学校卓球部　3年間の身体測定結果								
2		身長(cm)			体重(kg)			1年から3年までの身長及び体重の伸び率	
3		1年	2年	3年	1年	2年	3年	身長	体重
4	国枝	160.3	164.7	167.2	52.3	55.6	57.1		
5	南雲	154.5	160.7	166.9	48	50.4	53.5		
6	藤岡	168.2	174.3	178.6	63.6	65.5	67.2		
7	島津	165.6	170.4	174.3	62.2	65.6	68.5		
8	近藤	158.5	162.7	167.4	45.5	49.8	57.4		
9	平均								

・上記の表を作成しなさい。

・セルB9～G9には関数を使用して平均値を求め，小数点以下第2位まで表示しなさい。

・セルH4～H8とセルI4～I8には，「身長」，「体重」のそれぞれ1年生を基準とした場合の3年生の伸び率を求め，％形式にし，小数点以下第1位まで表示しなさい。

第6章

グ ラ フ

1 Excelで利用できる グラフ

1 ▶▶ グラフの種類

1）縦棒グラフ：一定期間のデータの変化を示したり，項目間の比較を示すのに適している。

2）折れ線グラフ：時間や項目によるデータの傾向を表すのに使用する。

3）円グラフ：全体に対する値の変化や比較を表す。

4）横棒グラフ：複数の値を比較するのに使用する。

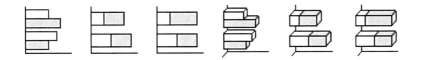

5）面グラフ：複数のデータの時間の経過に伴う変化を示し，データ間の差を強調する。

6）レーダーグラフ：複数の系列（グラフに描かれた，関連するデータ要素の集まり）の合計を比較する。

7）組み合わせグラフ：データを理解しやすいように2種類以上のグラフを組み合わせたもの，単位が異なる複数のデータを比較する場合にも使用する。

2 ▶▶ グラフ要素

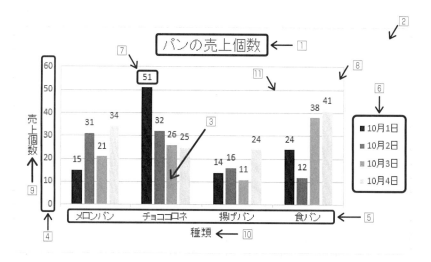

1　グラフタイトル：グラフに付けたタイトルを表示

2　グラフエリア：各要素をすべて含む領域

3　データ系列：表の1行，または1列に入力されたデータの集まりであり，グラフ化したと

きに同じ色で表されるデータのグループを指す

4　縦（値）軸：棒や線などのデータ要素を読み取るために数値が表示された軸

5　横（値）軸：データ要素の表す項目が表示された軸

6　凡　例：要素が表す系列名を説明

7　データラベル：グラフに表示される値や割合などを示す数値

8　プロットエリア：棒グラフの棒や折れ線グラフ上の点などデータ要素が表示される領域

9　縦軸ラベル：縦軸につける名前

10　横軸ラベル：横軸につける名前

11　目盛線：縦軸の目盛線

2 棒グラフ

棒グラフには，縦棒グラフと横棒グラフの 2 種類あり，縦棒グラフでは，通常，項目が横軸に，数値が縦軸に表示され，横棒グラフでは，項目が縦軸に，数値が横軸に表示される。縦棒グラフは項目間の大きさを比較するのに用い，横棒グラフは項目名が長いときや項目数が多いときに用いるのに適している。

1 ▶▶ 棒グラフの種類

1 集合縦棒：データ 1 つ 1 つの比較と推移を一覧する。

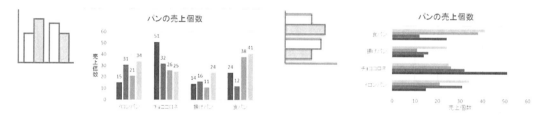

2 積み上げ縦棒：データの集計値の比較と推移を一覧する。

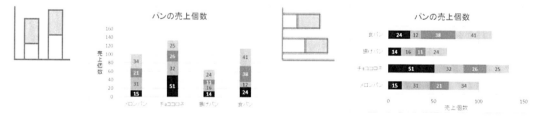

3 100％積み上げ縦棒：データの割合の推移を一覧する。

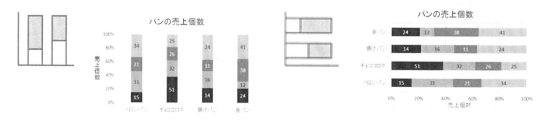

2 ▶▶ 棒グラフの作成

1 ワークシートの表からセルA3〜E6を選択する。選択する際には，数値だけではなく，凡例や横軸に入る項目も含める。

	A	B	C	D	E	F
1	社員別月間契約件数の推移					
2						
3		第1週	第2週	第3週	第4週	合計
4	宇佐美俊介	8	9	7	9	33
5	鎌田修三	5	2	6	4	17
6	今村太郎	3	7	4	6	20

2 [挿入]タブから[縦棒]ボタンの ▼ のリストから，[2-D縦棒]の[集合縦棒]をクリックする。

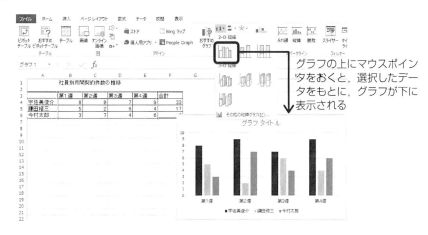

3 グラフ内の[グラフタイトル]をクリックし，再度クリックするとグラフタイトル周りの枠が点線となり，タイトルの編集ができる。タイトルを 社員別月間契約件数の推移 と入力する。

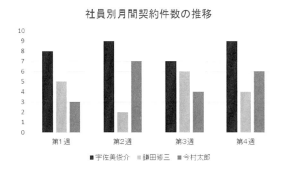

4 出来上がったグラフをクリックすると，ワークシート上のグラフ範囲の対象セルが枠取りされる。また，グラフ右側に3種類のボタンが表示され， ➕ ボタンはグラフ要素の

設定をするのに，よく使われる。

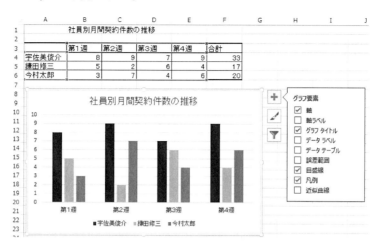

3 ▶▶ グラフのデザインの編集

　グラフを作成すると，リボンに グラフツール というタブが新たに加わる。[グラフツール]は
[デザイン]と[書式]の2つのコンテキストタブからなっており，グラフの編集時は[グラフツー
ル]は表出するが，グラフから選択を外すと表示されなくなる。

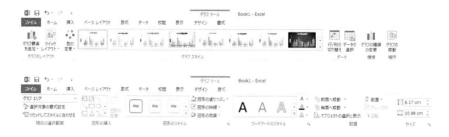

> **ポイント**　コンテキストタブとは，グラフや図形を選択すると，その選択対象に応じて表示さ
> れるタブを示し，グラフや図形の操作に必要な機能が利用できる。
> グラフは[グラフツール]の[デザイン]タブと[書式]タブ，図形は[描画ツール]の
> [書式]タブが表示される。

[グラフツール]の[デザイン]タブの活用

1　新たに表出した右端のタブを用い，[グラフツール]の[デザイン]タブから，[クイックレイ
アウト]ボタンの ▼ をクリックし，「レイアウト1」をクリックする。

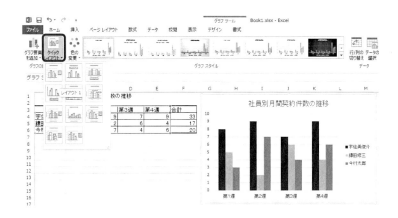

2 ［グラフツール］の［デザイン］タブから，［行/列の切り替え］ボタンをクリックする。そうすると，凡例と横軸の項目が入れ替わる。

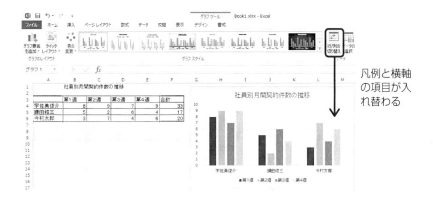

凡例と横軸の項目が入れ替わる

3 ［データの選択］ボタンをクリックすると［データソースの選択］ダイアログボックスが立ち上がるので，［グラフデータの範囲］でセルA3〜D6に選択しなおす。

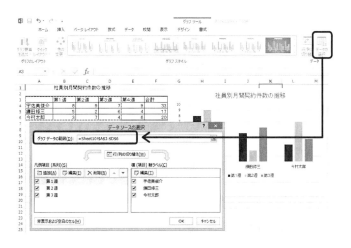

4 ［グラフの種類の変更］ボタンをクリックし，［横棒］の［集合横棒］にグラフの種類を変更する。

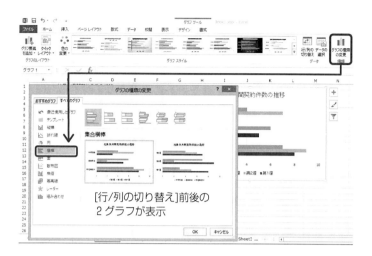

ポイント ［グラフツール］の［デザイン］タブは，グラフの大まかなデザインを決めるためのものであるが，その中の［グラフの種類の変更］，［行/列の切り替え］，［データの選択］ボタンは，グラフを一度出してしまってから修正するのに大変便利なボタンである。

行/列の　データの　グラフの種類
切り替え　選択　　の変更

スマートフォンでの操作

グラフ作成

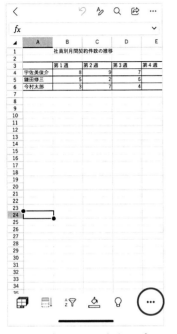

１．３点アイコンをタップ。

２．タブ名のボタンをタップ。

３．[挿入]タブをタップ。

４．[グラフ]をタップする。

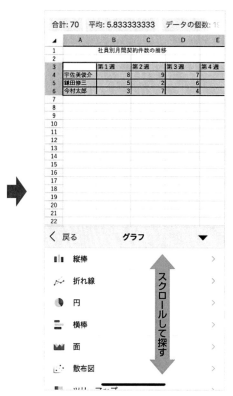

5. 縦にスクロールして任意の
   グラフをタップする。

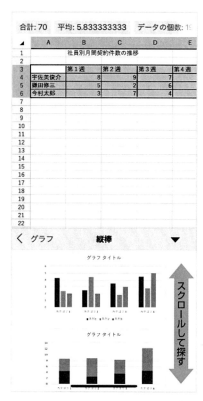

6. 縦にスクロールして目的に合
   ったグラフを選択してタップ
   するとグラフが挿入される。

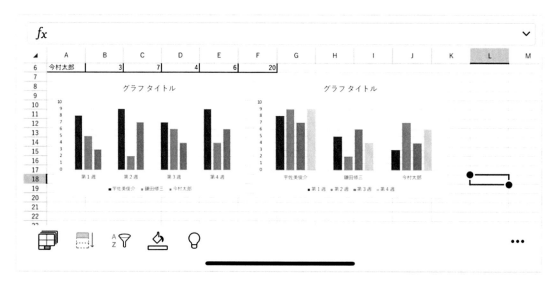

操作はスマホが縦向きでも問題ないが，グラフを並べるときなどはスマホを横向きにしたほうが
視認性がよい。

グラフデザイン （グラフの編集）

グラフエリアをタップすると [グラフ] タブとなり，グラフを編集するためのさまざまな機能が表示される。
縦にスクロールして任意の機能を探す。Mobile版では機能に制限があるので注意。

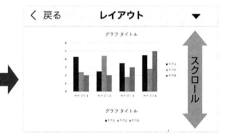

113

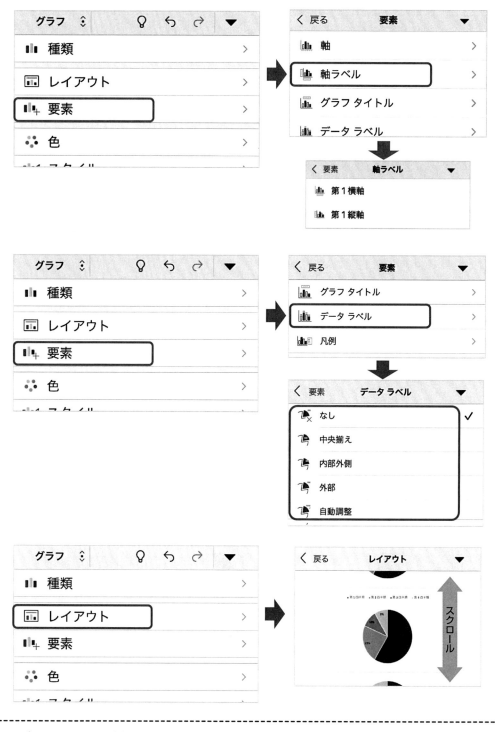

※データラベルの追加に関して

Mobile版ではデータラベルの表示は設定できるがデータラベルの操作はできない。レイアウトから見本を選択する操作をする。

※データ要素の書式設定に関して

切り出しの操作はできない。データラベルの配置は変更できる。

このアイコンでも切り替えができる。

問22

	A	B	C	D	E
1	カレーライス　支店別月間売上表		(単位：杯)		
2		バターチキンカレー	グリーンカレー	キーマカレー	売上合計
3	本郷店	1178	782	682	
4	銀座店	879	865	891	
5	新宿店	1091	891	851	

・上記の表を作成しなさい。

・関数を用いて，セルE3〜E5に「売上合計」を求めなさい。

・「カレーライス　支店別月間売上表」をもとに縦棒グラフを作成しなさい。

・グラフタイトルは「カレーライス支店別売上」にしなさい。

・凡例は右に表示させなさい。

問23

	A	B	C	D	E	F	G
1	全国ご当地ラーメン選手権　人気投票結果			(単位：票)			
2		東北	関東	中部	四国	九州	合計
3	ラーメン暁	342	425	239	142	324	
4	黒竜ラーメン	301	532	321	201	241	
5	麺屋月風	385	371	289	241	220	
6	硬麺ごっつ	334	390	401	223	453	
7	らぁめん吹雪	371	345	336	214	279	
8	合計						

・上記の表を作成しなさい。

・関数を用いて，セルG3〜G7，B8〜G8に「合計」を求めなさい。

・「全国ご当地ラーメン選手権　人気投票結果」の表をもとに100％積み上げ横棒を作成しなさい。

・グラフタイトルは「全国ご当地ラーメン選手権　人気投票結果」としなさい。

・データラベルは中央に値を表示させなさい。

・凡例は右に表示させなさい。

第6章 グラフ

3 円グラフ

円グラフでは，1つのデータ系列における各項目が，全項目の総和に対する比率に応じたサイズで表示され，円グラフのデータ要素は，全体に対する割合（パーセンテージ）として表示される。構成比や割合を見るのに適している。

1 ▶▶ 円グラフの作成

1. ワークシートの表からセルB3〜E4を選択する。選択する際には，数値だけではなく，凡例に入る項目も含める。
2. [挿入]タブから[円グラフ]ボタンの ▼ のリストから，[2-D円]の[円]をクリックする。

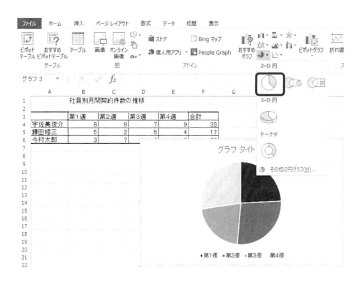

3. グラフ内の[グラフタイトル]をクリックし，再度クリックしてからタイトルに 宇佐美俊介の月間契約件数割合 と入力する。

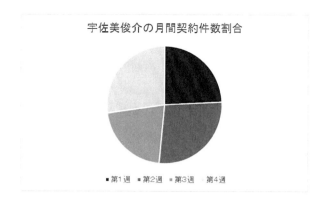

4 ［グラフツール］の［デザイン］タブの［クイックレイアウト］から，「レイアウト6」を選択する。

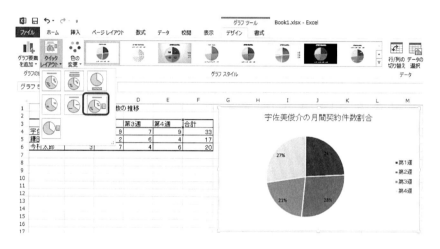

5 ［グラフツール］の［デザイン］タブの［グラフスタイル］を「スタイル12」に変更する。

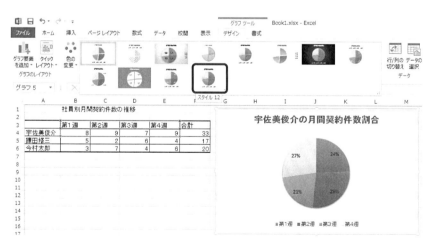

2 ▶▶ グラフ要素の変更と移動

1）データラベルの書式設定

1 ［グラフツール］の［デザイン］タブの［グラフ要素を追加］ボタンの ▼ のリストに，編集可能なグラフ要素が表示（文字が強調）される。［データラベル］のリストから［その他のデータラベルオプション］をクリックする。

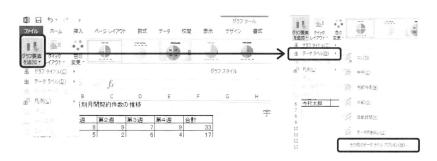

2 画面右側に［データラベルの書式設定］が表示され，［ラベルオプション］ボタンの［ラベルの内容］の「分類名」に ☑ を入れると，グラフのデータラベルに分類名が表示される。

3 パーセンテージの表示を変更したい場合は，［データラベルの書式設定］の［ラベルオプション］の下にある［表示形式］を展開し，［カテゴリ］から「パーセンテージ」をクリックし，［小数点以下の桁数］に 1 と入力する。グラフのパーセンテージは小数点以下第1位に変更される。

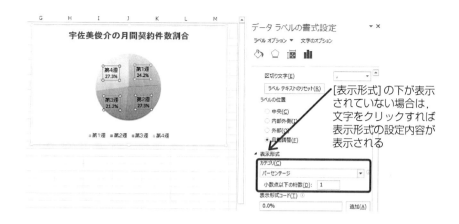

[表示形式] の下が表示
されていない場合は，
文字をクリックすれば
表示形式の設定内容が
表示される

2）データラベルの移動

1 マウスを使ってデータラベルを外に出す。グラフ要素はクリックするとハンドル（枠上の
〇や□）が表示され，移動したり，大きさや形を変えることができる。

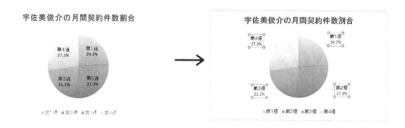

3）切り離しの設定

1 グラフの要素をクリックし，切り離したい要素の上で再度クリックすると，その要素だ
け選択できる。

2 クリックしたままスライドさせると，切り離すことができる。

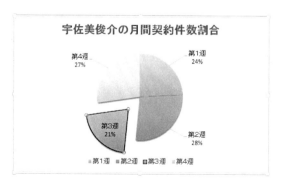

練習問題

問24

	A	B	C	D
1	二代目SAMURAI SPIRITS東京LIVE　観客満足度アンケート			
2	回答項目	回答数	(単位:人)	
3	大変満足	547		
4	満足	342		
5	普通	289		
6	やや不満	168		
7	不満	154		
8	合計			

・上記の表を作成しなさい。

・関数を用いて，セルB8に「合計」を求めなさい。

・「二代目SAMURAI SPIRITS東京LIVE　観客満足度アンケート」の表をもとに円グラフを作成しなさい。

・グラフタイトルは「二代目SAMURAI SPIRITS東京LIVE　観客満足度アンケート」にしなさい。

・凡例は下に表示させなさい。

問25

	A	B	C
1	コーヒー消費量上位国ランキング		(単位:杯)
2	順位	国名	一人あたりの年間消費量
3	1	ルクセンブルグ	2844
4	2	フィンランド	1212
5	3	デンマーク	946
6	4	ノルウェー	921
7	5	スイス	799
8	6	スウェーデン	789
9	7	ドイツ	679
10	8	オーストリア	646
11	9	カナダ	635
12	10	スロベキア	606

・上記の表を作成しなさい。

・「コーヒー消費量上位国ランキング」の表をもとに３Ｄ円グラフを作成しなさい。

・グラフタイトルは，「一人当たりのコーヒー消費量上位国ランキング」としなさい。

・凡例は下に表示させなさい。

出典　http://tg.tripadvisor.jp/coffee/

4 折れ線グラフ

1 ▶▶ 折れ線グラフの種類

折れ線グラフでは，項目データが横軸に沿って等間隔に配置され，数値データが縦軸に沿って等間隔に配置される。データの推移から傾向を把握したり，予測するには折れ線グラフが適している。

① 通常の折れ線グラフ

 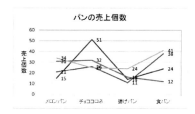

② 積み上げ折れ線グラフ

 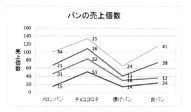

③ 100％積み上げ折れ線グラフ

 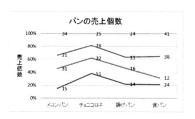

④　マーカー付き折れ線グラフ

 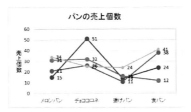

2 ▶▶ 折れ線グラフの作成

1 ワークシートの表からセルA3～E6を選択する。選択する際には，数値だけではなく，凡例に入る項目も含める。

2 [挿入]タブから[折れ線グラフ]ボタンの▼のリストから，[2-D折れ線]の[マーカー付き折れ線]をクリックする。

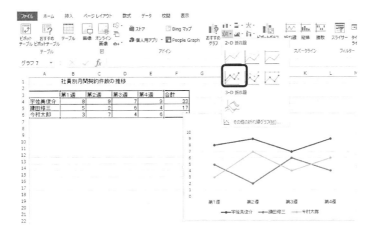

3 [グラフツール]の[デザイン]タブから，[クイックレイアウト]ボタンの▼をクリックし，「レイアウト1」をクリックする。

4 グラフ内の[グラフタイトル]をクリックし，再度クリックしてから，タイトルに 社員別月間契約件数の推移 と入力する。

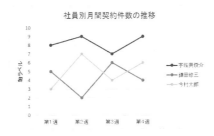

5 ［グラフツール］の［デザイン］タブの［グラフ要素を追加］ボタンの ▼ のリストから，［軸ラベル］の［第1横軸］をクリックする。

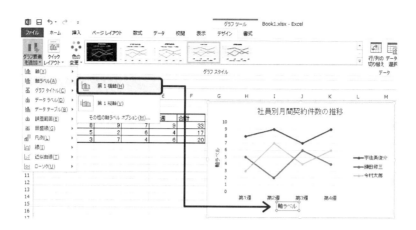

6 縦軸の［軸ラベル］を選択し，［ホーム］タブの ⟨図⟩ ボタンの ▼ のリストから［左へ90度回転］をクリックする。これにより［左へ90度回転］が解除され，文字方向は横書きに戻る。

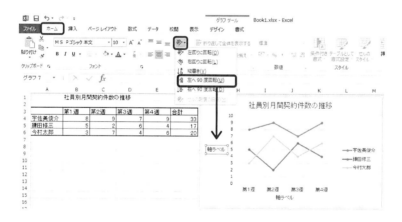

7 縦軸の軸ラベルをクリックし，再度クリックしてから 契約件数 と入力して，縦軸の上に移動させる。

8 横軸の軸ラベルをクリックし，再度クリックしてから 週 と入力する。

9 ［グラフツール］の［デザイン］タブの［グラフ要素を追加］ボタンの ▼ のリストから［データラベル］の［右］をクリックする。

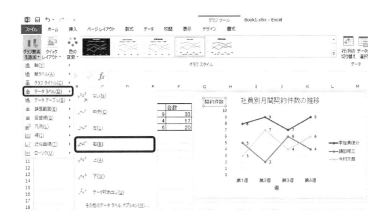

10 ［グラフツール］の［デザイン］タブの［グラフ要素を追加］ボタンの ▼ のリストから，［目盛線］の［第1主横軸］を解除する。

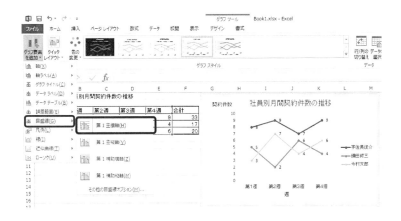

3 ▶▶ 図形としてのグラフの編集

［グラフツール］の［書式］タブの活用

1 グラフのプロットエリアを選択する。

2 ［グラフツール］の［書式］タブの［図形の枠線］から「黒」をクリックする。

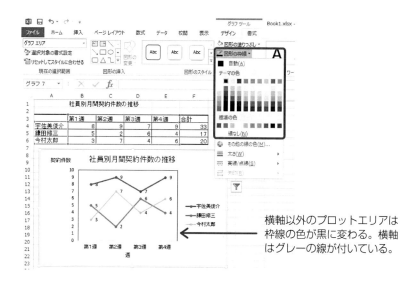

横軸以外のプロットエリアは
枠線の色が黒に変わる。横軸
はグレーの線が付いている。

3 グラフタイトルを選択し，[書式]タブの[図形の枠線]から「黒」をクリックし，次に[図形の効果]の[影]から「外側」をクリックする。

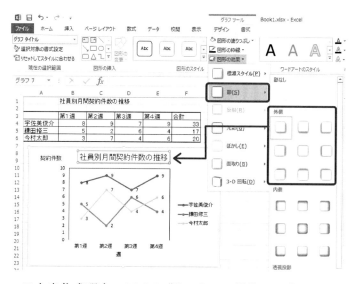

※本書作成現在のMobile版ではこの操作はできない。

4 ▶▶ 文字の編集

1 「宇佐美俊介」のデータラベルを1つ選んでクリックする。

2 [ホーム]タブを開き，フォントサイズを「8」に変更する。

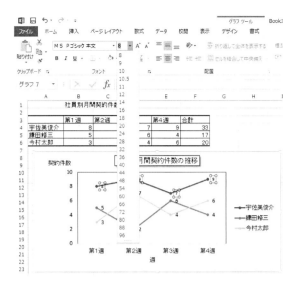

3 他の2名についても同様にフォントサイズを「8」に変更する。

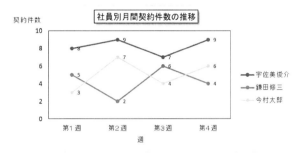

※本書作成現在のMobile版ではこの操作はできない。

5 ▶▶ その他の設定

1）目盛の最小値と最大値，目盛間隔の変更

1 縦軸の上をダブルクリックし，[軸の書式設定]を出す。

2 最小値を「2.0」，目盛間隔を「2.0」に変更する。

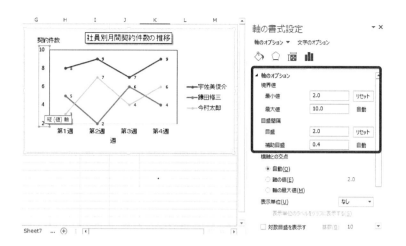

2）選択範囲の抜き出し

1 ［グラフツール］の［デザイン］タブから，［データの選択］ボタンをクリックし，［データソースの選択］ダイアログボックスを表示させる。

2 ［グラフデータの範囲］は，ワークシートのセルA3～E4を選択後，$\boxed{\text{Ctrl}}$ キーを押しながら，セルA6～E6を選択し，「宇佐美俊介」と「今村太郎」のデータだけを抜き出す。

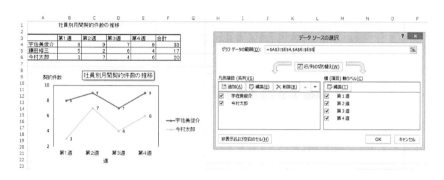

3）マーカーの変更

通常，マーカーは自動設定で丸型に統一されているが，系列ごとにマーカーの形状を変えることができる。

1 「宇佐美俊介」のマーカーをダブルクリックすると，画面右側に［データ系列の書式設定］が表示される。

2 ［系列のオプション］の［塗りつぶしと線］ボタンをクリックし，［マーカー］の［マーカーのオプション］から「組み込み」に◉を入れると，［種類］の $\boxed{\blacktriangledown}$ のリストからマーカーの形状を選択することができる。

3 マーカーの形状は［種類］，大きさは［サイズ］，色は［塗りつぶし］，マーカーをつなぐ線

は[枠線]で変更ができる。

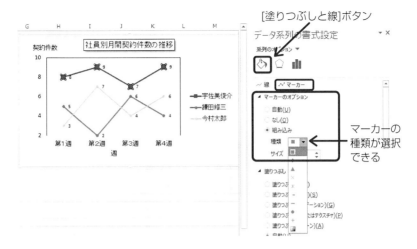

※本書作成現在のMobile版ではこの操作はできない。

練習問題

問26

	A	B	C	D	E	F	G
1	訪日外国人数上位8ヶ国の推移　（単位:人)						
2		2010年	2011年	2012年	2013年	2014年	2015年
3	中国	1,412,875	1,043,246	1,425,100	1,314,437	2,409,158	4,993,800
4	韓国	2,439,815	1,658,073	2,442,775	2,456,165	2,755,313	4,002,100
5	台湾	1,268,278	993,974	1,465,743	2,210,821	2,829,821	3,677,100
6	香港	508,691	364,865	481,665	745,881	925,975	1,524,300
7	アメリカ	727,234	565,887	716,709	799,280	891,668	1,033,200
8	タイ	214,881	144,969	260,640	453,642	657,570	796,700
9	オーストラリア	225,751	162,578	206,404	244,569	302,656	376,700
10	シンガポール	180,960	111,354	142,201	189,280	227,962	308,800
11	合計						
12							
13						最高人数	
14						最低人数	

・上記の表を作成しなさい。

・関数を用いて，セルB11〜G11には「合計」，セルG13には「最高人数」，セルG14には「最低人数」を求めなさい。

・「訪日外国人数上位8ヶ国の推移」の表をもとに，折れ線グラフを作成しなさい。

・グラフタイトルは「訪日外国人数上位8ヶ国の推移」としなさい。

・凡例は下に表示させなさい。

・軸ラベルを設定し，横軸目盛線は削除しなさい。

問27

	A	B	C	D	E	F	G
1	東アジア主要都市　年間平均降水量			（単位:mm)			
2		1月	2月	3月	4月	5月	6月
3	東京	84.9	56.9	102	120	137.8	174.3
4	北京	2.4	3.5	6.8	19	30.5	51.2
5	ソウル	23.2	24.9	48.1	93.6	92.2	133.6
6	台湾(台北)	103.5	181.1	188.5	198.1	234.1	322.1
7	香港	24.3	52.1	71.2	188.3	328.1	378
8	ウランバートル	2	3	3	9	21	45
9	平壌	12	15	26	58	83	95

H	I	J	K	L	M
7月	8月	9月	10月	11月	12月
81.3	414.1	287.1	96.4	138.9	83.8
128.9	94.1	34.1	16.9	8.3	1.8
368.3	293.8	168.7	58.9	52.7	21.2
252.1	349.2	371.5	163.4	98.1	72.1
376	448	290	153	34	36
75	76	27	10	5	4
309	225	122	47	39	15

・上記の表を作成しなさい。

・「東アジア主要都市　年間平均降水量」の表をもとに，積み上げ面グラフを作成しなさい。

・グラフタイトルは「東アジア主要都市 年間平均降水量」としなさい。

・横軸ラベルは「月別」，縦軸ラベルは「単位：mm」と設定しなさい。

・凡例は下に表示し，横軸目盛線は削除しなさい。

ソース　https://funinguide.jp/c/d_guide/view/000000001

出　典　https://www.ab-road.net/asia/china/beijing/weather/
　　　　http://www.ryoko.info/Temperature/korea/korea.htm

問28

	A	B	C	D	E	F	G
1	東アジア及び東南アジア　月別訪日外国人客数の推移				(単位:人)		
2		1月	2月	3月	4月	5月	6月
3	韓国	514,889	490,845	374,057	353,660	302,088	347,365
4	タイ	61,115	61,315	99,692	130,992	84,919	47,831
5	中国	475,116	498,903	498,054	514,867	507,094	582,453
6	シンガポール	15,086	20,354	32,964	30,576	29,250	32,574
7	台湾	320,963	348,971	328,400	384,164	375,476	397,840
8	マレーシア	19,843	29,915	38,224	38,038	36,560	20,879
9	香港	125,012	151,836	160,954	127,246	140,045	163,103
10	インドネシア	13,735	11,966	26,764	31,169	21,053	22,896
11	マカオ	6,084	6,515	6,774	6,976	6,727	8,715
12	フィリピン	18,847	18,509	37,525	41,949	36,871	27,621
13	モンゴル	1,802	1,746	1,956	1,839	2,004	1,760
14	ベトナム	14,792	17,599	23,211	34,134	16,377	16,736

H	I	J	K	L	M	N
7月	8月	9月	10月	11月	12月	合計
447,008	458,927	430,614	449,555	426,900	494,400	
61,253	34,660	44,673	98,276	80,300	96,400	
731,386	676,351	522,301	506,159	432,800	427,500	
17,960	12,066	21,923	29,860	43,300	75,900	
397,002	333,235	347,521	354,457	300,700	278,700	
24,960	15,527	25,895	36,696	44,400	63,300	
184,630	159,331	130,938	153,975	152,300	189,800	
26,692	12,837	17,831	23,257	21,900	40,900	
11,102	13,115	5,874	7,327	5,345	6,427	
20,306	17,385	20,817	36,708	30,000	41,300	
1,551	1,656	1,922	1,999	1,987	1,897	
18,584	17,206	19,252	24,696	18,100	13,100	

・上記の表を作成しなさい。

・関数を用いて，セルN3～N14に合計を求めなさい。

・「東アジア及び東南アジア　月別訪日外国人客数の推移」の表をもとに，折れ線グラフを作成しなさい。

・グラフの対象国は，「タイ，シンガポール，マレーシア，インドネシア，フィリピン，ベトナム」とする。

・グラフタイトルは「東南アジア諸国　月別訪日外国人客数の推移」としなさい。

・横軸ラベルは「月別」，縦軸ラベルは「単位：人」と設定しなさい。

・凡例は下に表示し，横軸目盛線は削除しなさい。

出　典　日本政府観光局「訪日外客統計」
　　　　　　https://www.jnto.go.jp/jpn/statistics/data_info_listing/index.html

第7章

高度な関数

1 集計に用いる関数

使用関数：COUNTIF

指定の範囲から指定の検索条件に当てはまるデータの数を導き出す関数。

＝ COUNTIF（範囲，検索条件）

ポイント
- ・検索の対象となるセル範囲を［範囲］に入力する。
- ・［検索条件］は必ず半角英数字で入力する。
- ・［検索条件］に用いる等号・不等号は左，数値が右にくる形で入力する。ただし等号は省略し，数値だけを入力すればよい。

使用関数：COUNTBLANK

指定の範囲から空白を探してその数を数えてくれる関数。

＝ COUNTBLANK（範囲）

使用関数：RANK.EQ

指定の参照範囲から１つのセルの数値の順位を導き出す関数。

＝ RANK.EQ（数値，参照，順序）

> ポイント　・順序を調べる数値が入っているセル番地を [数値] に入力する。
> ・順位の対象となるセル範囲を [参照] に入力する。
> 　（セル範囲は後でオートフィルするために絶対参照にしておくとよい）
> ・「順序」は何も入れないか「0」の場合は「降順」，それ以外の数字の場合は「昇順」になる。

スマートフォンでの操作

COUNTIF関数

1. [統計]の分類からCOUNTIF関数を探してタップする。
2. [範囲]に処理対象データを設定する。
3. [検索条件]をタップして条件を設定する。直接入力の際は""を忘れないように。

222

第7章 高度な関数

COUNTBLANK関数

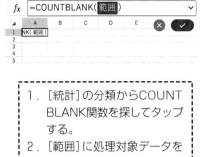

1．[統計]の分類からCOUNTBLANK関数を探してタップする。
2．[範囲]に処理対象データを設定する。

引数の設定については，「関数の設定」を参照。

RANK.EQ関数

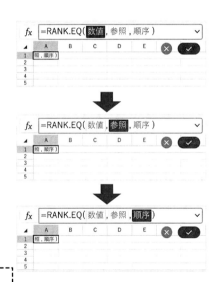

1．[統計]の分類からRANK.EQ関数を探してタップする。
2．[数値]に順位を求めるデータを設定する（例 ある学生の点数）。
3．[参照]をタップしてデータ群の範囲を設定する（例 クラス全員の点数）。
4．[順序]には「0」，もしくは何も入力しない場合は降順になり，「0」以外の数値を入力した場合は昇順になる。

135

問29

	A	B	C	D	E	F	G	H
1			実力テスト成績一覧表					
2								
3	クラス	番号	氏名	国語	数学	英語	三科目の合計	順位
4	1	1	青木　誠	37	54	57		
5	1	2	宇田川　直樹	70		45		
6	1	3	大井　利明	65	53	11		
7	1	4	小山　健	86		12		
8	1	5	清水　孝弘	45	40	57		
9	1	6	須賀　大介	73	45	22		
10	1	7	染谷　恒昭					
11	1	8	津山　智志	99	29	81		
12	1	9	富山　真治		22	68		
13	1	10	西　達彦	59	76	29		
14			合計					
15			平均					
16			受験者数					
17			50点未満の数					
18			欠席者の数					

・各科目の「合計」「平均」「受験者数」「50点未満の数」「欠席者の数」や「三科目の合計」を，
　それぞれ関数を用いて求めなさい。

・関数を用いて「順位」を求めなさい。

2 関数の入れ子（ネスト）

使用関数：ROUND（ROUNDUP, ROUNDDOWN, INT）

　関数の引数に設定する「数値」には数式や別の関数が入る場合が多い。こうした，ある関数の中に別の関数が入る形を「入れ子（ネスト）」という。ここでは，「平均を求め，その値を四捨五入する」と「複数条件のIF関数」を題材に関数の入れ子を説明する。

　= ROUND（AVERAGE（範囲），桁数）

> **ポイント**
> ・ROUND関数の引数ボックスの[数値]にAVERAGE関数を入力していく方法と，セルに直接関数を入力していく方法がある。
> ・直接セルに入力するときは，引数の項目をわける〝，（カンマ）〟の入力を忘れずに！

使用関数：IF

IFの式の中に新たにIFの式を設定する。

　= IF（論理式，真，IF（論理式，真，偽））

> **ポイント**
> ・条件が複数の場合，最初の論理式で真/偽の条件分岐が綺麗に決まらず，偽の場合において選択肢がさらに分かれている状況では，偽の場合に新たに「入れ子」としてIF関数を設定する必要がある。文脈によっては真の場合に新たにIF関数を設定する場合もある。
> ・IF関数は，複数条件の判定だけでなく，他の関数との組み合わせでも用いられることが多い。使い方をマスターしよう。

step up　Microsoft 365やExcel 2019から導入されたIFS関数では，複数条件の判定がより簡単に設定できる。

スマートフォンでの操作

関数のネスト─平均の値を四捨五入する （ROUND関数とAVERAGE関数の組み合わせ）

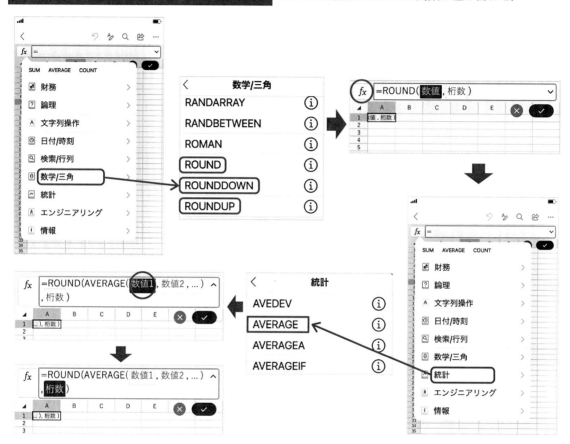

ROUND関数の［数値］にAVERAGE関数を挿入する。

1．まず，fxボタンからROUND関数を設定する。
2．［数値］がハイライトされている状態でfxボタンをタップして，［統計］の分類からAVERAGE関数を探してタップする。
3．AVERAGE関数の［数値1］に平均を求めるデータを設定する。
4．ROUND関数の［桁数］をタップして，表示させる桁に応じた数字を入力する。

関数のネスト─複数条件のIF関数　（[値が偽の場合] にIF関数を設定するケース）

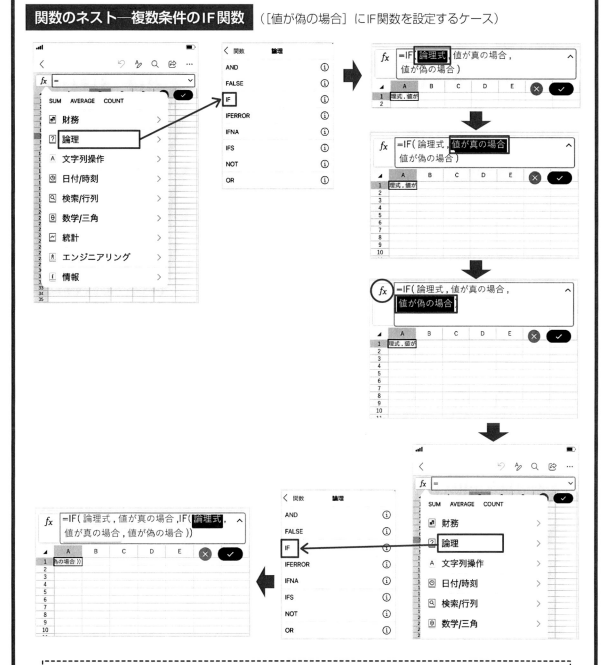

IF関数の[値が真の場合]もしくは[値が偽の場合]にIF関数を入れていくことで複数の条件に対応できる。

1．まず，[論理]の分類からIF関数を探してタップする。

2．[論理式]に条件の式を入力する。

3．[値が真の場合]をタップして設定する。

4．[値が偽の場合]をタップしたら，fxボタンをタップして[論理]の分類からIF関数を探してタップする。新しいIF関数が[値が偽の場合]に設定される。

※条件（分岐）の数に応じてこの作業を繰り返す。

IF関数とVLOOKUP関数の組み合わせ （［値が偽の場合］にVLOOKUP関数を設定するケース）

※VLOOKUP関数については第8章を参照のこと

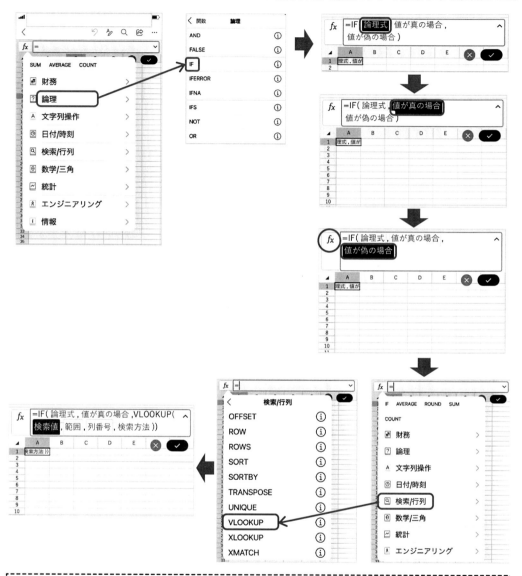

1．まず，［論理］の分類からIF関数を探してタップする。
2．［論理式］に条件の式を入力する。
3．［値が真の場合］をタップして設定する。
4．［値が偽の場合］をタップしたら，fxボタンをタップして［検索／行列］の分類からVLOOKUP
　　関数を探してタップする。VLOOKUP関数が［値が偽の場合］に設定される。

練習問題

問30

	A	B	C	D	E	F
1		コンビニの支店別来店者数				
2		男性	割合	女性	割合	男女合計
3	山上店	336		120		
4	川中店	285		270		
5	海側店	201		553		
6	道端店	498		243		
7	町中店	520		730		
8	合計					
9	平均					

・「合計」「男女合計」を関数を使って求めなさい。

・「平均」「割合」は求めた値に対し，四捨五入し小数点以下第2位まで関数を用いて求めなさい。

問31

	A	B	C	D	E	F	G
1	フェニックスアイス本郷店売上票						
2	購入者名	アイス商品名	単価	個数	売上金額	割引率	請求金額
3	斉藤	ストレート	500	100			
4	田中	ストロベリー	600	30			
5	井尻	ソーダ	600	200			
6	大橋	カシス	700	15			
7	高宮	レモン	600	50			
8	西久保	グレープフルーツ	600	10			
9	涌井	グレープフルーツ	600	150			
10	津田	トマト	700	10			
11	新道	にんじん	700	150			

・「売上金額」を求めなさい。

・「割引率」は，関数を用いて「売上金額」が1万円未満なら"0％"，1万円以上であれば"5％"，5万円以上であれば"10％"，10万円以上であれば"25％"と判定し，表示させなさい。

・「請求金額」を求めなさい。

第**8**章

データを参照する

使用関数：VLOOKUP, HLOOKUP

　他の表から必要な値を見つけ，集計などにつなげていく重要な関数である。絶対参照やIF関数など，他の機能との組み合わせもよく使われるので，Excelを学ぶ上で分岐点になる関数とも言える。

関数の使い方

＝VLOOKUP（検索値，範囲，列番号，検索の型） 　<u>列</u>方向（<u>タテ</u>方向）に検索値を探す ＝HLOOKUP（検索値，範囲，行番号，検索の型） 　<u>行</u>方向（<u>ヨコ</u>方向）に検索値を探す

ポイント	・結果を出す手がかりとなる値が検索値 ・範囲とは検索値を探すトコロ（テーブル，データのリスト）を指す ・結果として表示させたい値が何列目にあるか 　　VLOOKUPは指定範囲の<u>左端セルから何列目</u>かで数えていくことに注意 　　HLOOKUPは指定範囲の<u>上端セルから何行目</u>かで数えていくことに注意 ・検索方法は省略することができる 　　ただし，その場合は前後の近い列／行の値を返してしまう（近似一致，TRUE）ので，完全一致を求める場合には「FALSE」を指定する必要がある ・複数のセルに関数を設定する場合，絶対参照の設定に注意 ・エラー表示を回避するためのIF関数の使用を考慮

【例題1】

	A	B	C	D	E	F
1		商品コード金額表				
2	コード	商品名	価格		商品コード	商品名
3	AT101	タピオカ	200			
4	AT102	コーヒータピオカ	220			
5	AT103	紅茶タピオカ	220			
6	AT104	ブルータピオカ	240			
7	AT105	マンゴータピオカ	280			
8	AT106	パイナップルタピオカ	280			

作業手順

❶ 「商品コード」を入力すると「商品名」が表示されるように設定する。

関数の引数   ?   ✕

VLOOKUP

検索値	E3	↑	= "AT103"
範囲	A3:C8	↑	= {"AT101","タピオカ",200;"AT102","...
列番号	2	↑	= 2
検索方法		↑	= 論理

= "紅茶タピオカ"

※ここでは検索方法の設定は省略（TRUE）しているが，検索値と範囲に設定されるデータによっては完全一致（FALSE）を指定しないと正しい値を返すことができないので注意。

【例題2】

	A	B	C	D	E
1		グローバル動物園入場料			
2	コード	1	2	3	4
3	区分	一般	65才以上	学生	小学6年生まで
4	料金	700	350	200	無料
5					
6		チケット販売金額算出表			
7	コード	区分	金額	人数	小計
8	1				
9	3				
10				合計	

作業手順

❶ セルA8にコード1を入力すると「区分」「金額」が表示されるように設定する。

❷ セルA9にコード3を入力すると「区分」「金額」が表示されるように設定する。

※範囲はオートフィルでの運用を鑑みて絶対参照にすると便利

❸ 人数に任意の数字を入力し，「小計」が表示されるように設定する。

❹ セルE10に「合計」が表示されるように設定する。

❺ セルA8にコードが入力された場合にのみ，「区分」「金額」「小計」「合計」が表示されるように設定する。

それぞれのセルに入力されている関数を下のIF関数の［偽の場合］の引数に追加する（IF関数の条件引数のA8セルは絶対参照にしても良い）。 =if(A8="","",)

例 B8セル =if(A8="","",HLOOKUP($A$8,$B$2:$E$4,2))

ポイント ・IF関数を使用する際に「何も表示させない（空欄を表示させる）」方法である「""」を使用する。

---

step up VLOOKUP関数やHLOOKUP関数の改良版に，任意の方向で機能するXLOOKUP関数がある。

スマートフォンでの操作

VLOOKUP関数

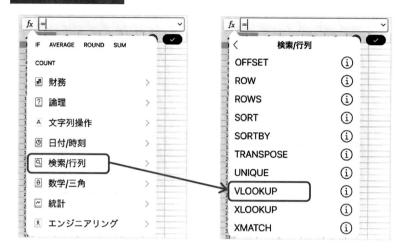

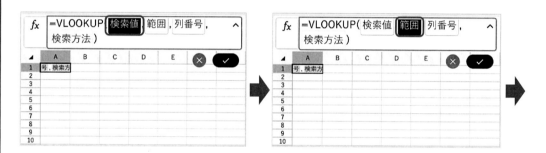

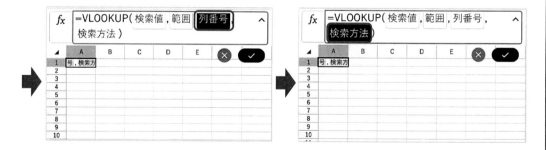

1. ［検索／行列］の分類からVLOOKUP関数を探してタップする。
2. ［検索値］を設定する。
3. ［範囲］にデータベース範囲を設定する。
4. ［列番号］には表示させたい列にしたがって指定する。
5. ［検索方法］は近似一致（TRUE）なら「1」もしくは省略，完全一致（FALSE）なら「0」を指定する。

HLOOKUP関数

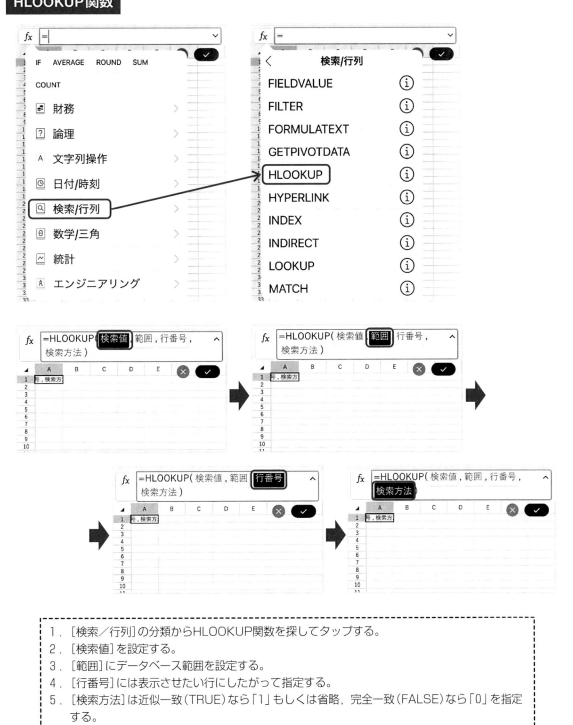

1．[検索／行列]の分類からHLOOKUP関数を探してタップする。
2．[検索値]を設定する。
3．[範囲]にデータベース範囲を設定する。
4．[行番号]には表示させたい行にしたがって指定する。
5．[検索方法]は近似一致（TRUE）なら「1」もしくは省略，完全一致（FALSE）なら「0」を指定する。

問32

	A	B	C	D	E	F	G	H	I	J
1		4月1日ドリンク売上一覧表								
2	コード	商品名	価格	店舗名					商品別個数合計	評価
3				東京	札幌	名古屋	大阪	福岡		
4	AT101	タピオカ	200	251	91	134	198	134		
5	AT102	コーヒータピオカ	220	175	65	137	95	75		
6	AT103	紅茶タピオカ	220	153	59	134	101	61		
7	AT104	ブルータピオカ	240	223	34	101	181	149		
8	AT105	マンゴータピオカ	280	145	29	100	125	55		
9	AT106	パイナップルタピオカ	280	89	25	88	111	38		
10		店舗別合計								
11		評価								
12										
13				商品売上評価表						
14				合計	300	500	800			
15				評価	要検討	順調	ヒット			
16				店舗売上評価表						
17				合計	300	450	600	900		
18				評価	閉店検討	テコ入れ要	順調	拡大検討		

・ 「商品別個数合計」「店舗別合計」を，関数を使用して求めなさい。

・ 「商品売上評価表」を参照し，J列の「評価」に評価を表示させなさい。

・ 「店舗売上評価表」を参照し，11行目の「評価」に評価を表示させなさい。

ポイント 絶対参照の使い方に注意しよう。

step up 売上金額を計算し，評価表を工夫してさらに練習してみよう。

問33

	A	B	C	D	E	F	G	H	I
1	文庫本売上一覧表								
2							(単位：千冊)		
3	コード	タイトル	単価	関東	関西	九州	四国		
4	1001	ジャイアント・キリング	¥1,160	120	200	130	50		
5	1002	栄光の彼方に	¥1,050	65	90	42	22		
6	1003	フライング・チルドレン	¥980	210	160	110	50		
7	1004	死霊達の宴	¥1,120	80	40	70	25		
8	1005	東京大解体	¥1,020	70	80	40	15		
9									
10									
11	コード	タイトル	単価	関東	関西	九州	四国	合計	売上合計
12	1001								

- セルA12に「コード」を入力すると，「文庫本売上一覧表」から該当するデータを検索して「タイトル」「単価」「関東」「関西」「九州」「四国」がそれぞれ表示されるようにしなさい。また，コードが入力されるまでは，何も表示しないようにしなさい。
- 「合計」は「関東」「関西」「九州」「四国」の売上冊数の合計が表示されるようにしなさい。また，コードが入力されるまでは，何も表示しないようにしなさい。
- 「売上合計」は単価と各地域の売上冊数の合計を掛けたものが表示されるようにしなさい。また，「コード」が入力されるまでは何も表示しないようにしなさい。

問34

	A	B	C	D	E	F
1	フェニックス製菓販売実績表					
2						
3	氏名	販売目標	販売実績	達成率	評価	コメント
4	青山大河	6000	4500			
5	片山さつき	8000	8600			
6	坂田銀次	7000	5600			
7	田中陽子	7000	6500			
8	内藤和也	5000	5500			
9	濱口真也	4000	4200			
10	山口承太郎	5000	4900			
11						
12						
13	コメント表					
14	A	B	C			
15	優秀	もう少し	頑張ろう			

- 「達成率」を求めなさい。その際，％スタイルで表示させなさい。
- 「評価」は，「達成率」が100％以上であれば"A"，80％以上であれば"B"，それ以外は"C"と表示させなさい。
- 「コメント」は，「コメント表」を参照して表示させなさい。

問35

	A	B	C	D	E	F	G
1	学生データ検索表						
2							
3	学生データ一覧						
4	学生ID	A201	C202	B203	C205	B203	A202
5	氏名	高田伸行	相澤友香	柏木竜一	松平勝頼	玉城力也	柄本達也
6	所属	人文学部	人文学	心理学部	商学部	商学部	経済学部
7	学年	3年	1年	2年	1年	2年	3年
8							
9	検索結果一覧表						
10	学生ID	氏名	所属	学年			
11	B203						
12	A202						
13	C202						
14	C205						

- 「学生ID」を入力すると「学生データ一覧」を検索して「氏名」「所属」「学年」がそれぞれ表示されるようにしなさい。
- 「学生ID」が入力されるまでは、「氏名」「所属」「学年」が表示されないようにしなさい。

問36

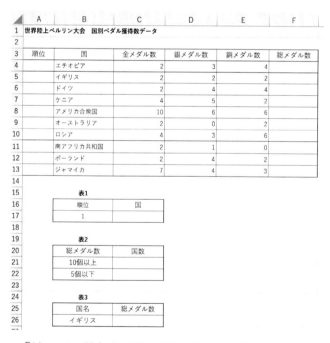

	A	B	C	D	E	F
1	世界陸上ベルリン大会　国別メダル獲得数データ					
2						
3	順位	国	金メダル数	銀メダル数	銅メダル数	総メダル数
4		エチオピア	2	3	4	
5		イギリス	2	2	2	
6		ドイツ	2	4	4	
7		ケニア	4	5	2	
8		アメリカ合衆国	10	6	6	
9		オーストラリア	2	0	2	
10		ロシア	4	3	6	
11		南アフリカ共和国	2	1	0	
12		ポーランド	2	4	2	
13		ジャマイカ	7	4	3	
14						
15		表1				
16		順位	国			
17		1				
18						
19		表2				
20		総メダル数	国数			
21		10個以上				
22		5個以下				
23						
24		表3				
25		国名	総メダル数			
26		イギリス				

- 「総メダル数」を関数を用いて求めなさい。
- 総メダル数の「順位」を関数を用いて求めなさい。
- 「表1」には、順位に数字を入力すれば、それに該当する国名が表示されるようにしなさい。また、順位が入力されていない場合は、何も表示しないようにしなさい。
- 「表2」には、獲得総メダル数の条件に合った国の数が表示されるようにしなさい。

・「表3」には，国名を入力すると，その国の総メダル数がデータを参照して表示されるようにしなさい。また，国名が入っていない場合は，何も表示しないようにしなさい。

問37

	A	B	C	D
1	11月30日衆議院総選挙　千葉県選挙区　選挙区別投票結果			
2	選挙区コード	有権者数	投票者数	投票率(%)
3	1	397,382	255,632	
4	2	425,033	275,343	
5	3	320,113	206,685	
6	4	487,837	307,954	
7	5	413,805	262,247	
8	6	348,266	224,890	
9	7	396,926	261,972	
10	8	391,010	264,635	
11	9	399,436	257,318	
12	10	365,443	233,940	
13	11	375,812	241,659	
14	12	385,658	258,070	
15	13	321,969	212,694	
16	県計			
17				
18	選挙区	投票率(%)		
19	1			

・「投票率（%)」を求め，小数点以下第1位まで表示させなさい。

・「県計」を関数を用いて求めなさい。

・選挙区コードをセルA19に入力すると，セルB19に投票率が表示されるように設定しなさい。

問38

	A	B	C	D	E	F	G	H
1	PCソフト売上一覧表			(単位：千本)				
2	コード	ソフト名	新宿	池袋	秋葉原	渋谷		
3	1001	ワードライト	23	19	28	15		
4	1002	計算すいすい	24	17	26	12		
5	1003	ぷれぜんどとこい	20	15	27	9		
6	1004	アートライト	15	10	14	4		
7	1005	ムービーカット	8	5	10	2		
8								
9	ソフト別売上詳細表							
10	コード	ソフト名	新宿	池袋	秋葉原	渋谷	合計	評価
11	1001							
12								
13								
14			評価表					
15			合計	30	50	70		
16			コメント	対策必要	順調	ヒット		

・「ソフト別売上詳細表」にコードを入力すると，「PCソフト売上一覧表」を参照して，ソフト名・各地の売上数が表示されるようにしなさい。

・「ソフト別売上詳細表」の「合計」を関数を用いて求め，「評価表」を参照して「評価」を表示させなさい。

・それぞれについて「ソフト別売上詳細表」にコードを入力しない場合は，何も表示させないようにしなさい。

	A	B	C	D	E	F	G	H	I	J	K	L	M	N
1	学生番号	欠席回数	中間テスト得点	期末テスト得点	合計得点	成績評価1	成績評価2		表1					
2	11001	5	20	5					点数	0	10	15	20	
3	11002	2	10	5					成績	D	C	B	A	
4	11003	1	20	10										
5	11004	4	5	5										
6	平均													
7														

- 中間テストと期末テストの「合計得点」を求めなさい。

- 「欠席回数」「中間テスト得点」「期末テスト得点」「合計得点」の「平均」は関数を用いて四捨五入し，小数点以下第1位まで表示させなさい。

- 「成績評価1」は以下の条件の通りに関数を用いて判定し，成績を表示させなさい。

   【条件：欠席回数が5回以上なら "D"，そうでなければ合計得点が20点以上であれば "A"，15点以上であれば "B"，10点以上であれば "C"，10点未満であれば "D"】

- 「成績評価2」は，欠席回数が5回以上の場合は"D"と表示させ，そうでなければ表1のデータを参照し，成績を表示させなさい。

第9章

データを参照して
より実践的に活用する

1 データの参照と条件設定

使用関数：INDEX, MATCH, OR, AND

　VLOOKUP関数やHLOOKUP関数は，他の表から必要な値を見つける重要な関数だが，1方向からしか検索ができない。実際にはタテヨコの2方向から値を探すことも少なくない。ここではまずINDEXという関数を学び，より実践的に活用方法を身につけていく。

関数の使い方

＝INDEX（配列，行番号，列番号）
<u>行と列の2方向</u>から検索値を探す

ポイント	・配列が探す範囲であり，検索する値が含まれるエリアのみを選択する
	・指定した範囲の中で，左端から何列目か，上端から何行目かを考える
	・行と列という語をあらためて意識する
	・IF関数との組み合わせの際は，条件が複数になっている点に注意
	・OR関数やAND関数とあわせて使用することが多い

＝MATCH（検査値，検査範囲，照合の種類）

　指定された照合の種類に従って検査範囲を検索して，検査値と一致する配列内での位置を示す値を返す

ポイント
- MATCH関数は，指定の値が何行目あるいは何列目かわからないときに有効で，INDEX関数との組み合わせで機能する
- 照合の種類は，「0」を指定すれば検査値に一致する値のみを見つけることができる

　行と列の両方向から検索することができるINDEX関数は非常に便利な関数だが，空欄を避けるためにIF関数と併用する際には注意が必要である。行と列に関する複数の条件が前提となるが，この場合はAND関数やOR関数といった関数をあわせて使用することが複数の条件を設定するために必要となる。なぜならば，VLOOKUP関数やHLOOKUP関数は，他の表から必要な値を見つける重要な関数だが，1方向からしか検索ができないからだ。実際にはタテヨコの2方向から値を探すことも少なくない。ここではINDEXという関数を学び，より実践的に活用方法を身につけていく。そこで必要とされるORやANDといった関数についてもあわせて学ぶ。

関数の使い方

　複数の条件設定が必要な場合に有効な関数であるが，表面的な言葉の表現だけで判断することなく，よくよく条件を整理しないと使用にあたって注意が必要である。

＝AND（論理式1，論理式2，・・・）　**すべて**の条件を満たす

ポイント
- すべての条件を満たすことが必要であればAND関数を使用し，1つでも満たさないことが許されるのであればこの関数ではなくOR関数を使用する

＝OR（論理式1，論理式2，・・・）　**どれか1つ**の条件を満たす

ポイント
- 条件のうち1つでも満たせばいいのであればOR関数を使用する

> **ポイント**
> ・AND関数は両条件とも当てはまるものを抽出するときに用い，OR関数はどちらか当てはまるものを抽出するときに用いる
> ・「両方」とか「どちらも」という言葉だけで判断しない。どちらも<u>何なのか</u>という点をよく見ること（設定する内容と考えていることが同じか確認する）

【例題1】 出発地コードと行き先コードを入力すると金額が表示されるようにする

	A	B	C	D	E	F	G
1	**10〜3月航空券料金早見表**						
2	コード	行き先	1	2	3	4	5
3	出発地		ニューヨーク	ロンドン	フランクフルト	デリー	カイロ
4	1	東京（羽田・成田）	178000	215000	238800	198000	256450
5	2	大阪（伊丹・関西）	189000	220000	243150	200500	277400
6	3	名古屋（中部）	188000	218000	236700	199500	275300
7	4	札幌	195000	230000	245500	201600	279500
8	5	福岡	195000	230000	244000	200800	278010
9	6	その他地域	200000	245000	255000	220000	295000
10							
11		出発地コード	行き先コード	金額			
12		2	3				
13							
14			↓入力する	コード			
15		出発地	大阪（伊丹・関				
16		行き先	フランクフルト				

作業手順

❶ 「出発地コード」（セルB12）にコード"2"，「行き先コード」（セルC12）にコード"3"を入力すると，金額が表示されるように関数を設定する。

❷ ［関数を挿入］をクリック後に表示されるボックスで以下のように設定する（または金額を表示させるセルD12に，$\boxed{=\text{INDEX}\,(\text{C4：G9}, \text{B12}, \text{C12})}$ と設定する）。

❸ C15に出発地，C16に行き先を入力すると，D15，D16にそれぞれ該当するコード（行と列の位置）が表示されるように設定する。

【例題２】 出発地コードが入力された場合にのみ金額が表示されるように設定する

	A	B	C	D	E	F	G	H
1		10～3月航空券料金早見表						
2	コード	行き先	1	2	3	4	5	
3	出発地		ニューヨーク	ロンドン	フランクフルト	デリー	カイロ	
4	1	東京（羽田・成田）	178000	215000	238800	198000	256450	
5	2	大阪（伊丹・関西）	189000	220000	243150	200500	277400	
6	3	名古屋（中部）	188000	218000	236700	199500	275300	
7	4	札幌	195000	230000	245500	201600	279500	
8	5	福岡	195000	230000	244000	200800	278010	
9	6	その他地域	200000	245000	255000	220000	295000	
10								
11		出発地コード	行き先コード	金額				
12								
13								

作業手順

❶ 「出発地コード」が入力されると金額が表示されるように設定する。

❷ 「出発地コード」（セルB12）にコードが入力された場合のみ，金額が表示されるようにする （言い換えれば，「B12が空欄（""）であったらならば空欄（""）で，そうでないならばINDEX関数 で結果を返しなさい」→ IF関数との組み合わせ）。

「金額」セル $=IF(B12="", "", INDEX(C4:G9, B12, C12))$

【例題３】 出発地コードと行き先コードの両方が入力された場合にのみ金額が表示されるよう に設定する

	A	B	C	D	E	F	G	H
1		10～3月航空券料金早見表						
2	コード	行き先	1	2	3	4	5	
3	出発地		ニューヨーク	ロンドン	フランクフルト	デリー	カイロ	
4	1	東京（羽田・成田）	178000	215000	238800	198000	256450	
5	2	大阪（伊丹・関西）	189000	220000	243150	200500	277400	
6	3	名古屋（中部）	188000	218000	236700	199500	275300	
7	4	札幌	195000	230000	245500	201600	279500	
8	5	福岡	195000	230000	244000	200800	278010	
9	6	その他地域	200000	245000	255000	220000	295000	
10								
11		出発地コード	行き先コード	金額				
12								
13								

作業手順

❶ 「出発地コード」「行き先コード」の両方が入力されると金額が表示されるように設定する。

❷ 「出発地コード」(セルB12) と「行き先コード」(C12) の両方が入力された場合のみ，金額が表示されるようにする（言い換えれば，「B12かC12のどちらかが空欄（""）であったならば空欄（""）で，そうでないならばINDEX関数で結果を返しなさい」→ **IF関数**の条件が複数になっていることに注意し，AND関数またはOR関数を使用することに気づく）。

❸ 両方，空欄である必要はないのでOR関数を使用する。

「金額」セル =IF (OR (B12=" ", C12=" "), " ", INDEX (C4:G9, B12, C12))

スマートフォンでの操作

INDEX関数

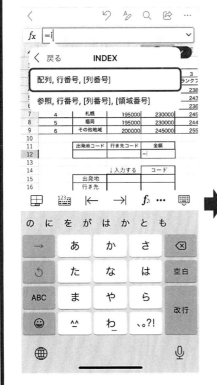

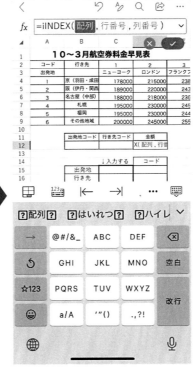

1．fxボタンをタップする。
2．検索／行列 を選択，または「I」を入力して候補を表示させ，INDEX関数を探してタップする。
3．[配列]には検索するデータの範囲を設定する。
4．[行番号]と[列番号]に，それぞれデータを検索する方向と位置を指定する値を設定する。

MATCH関数

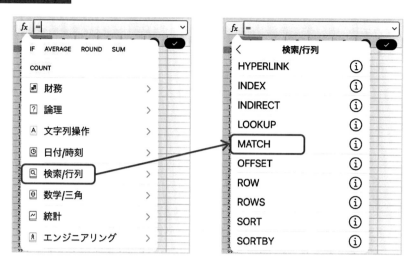

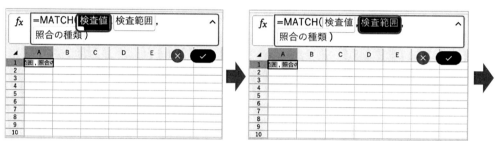

1．[検索／行列]の分類からMATCH関数を探してタップする。
2．[検査値]を設定する。
3．[検査範囲]に検索するデータ範囲を設定する。
4．「照合の種類」には"0"を指定すると一致するもののみを見つけることができる。

第9章 データを参照してより実践的に活用する

AND関数

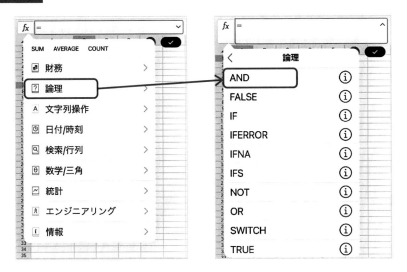

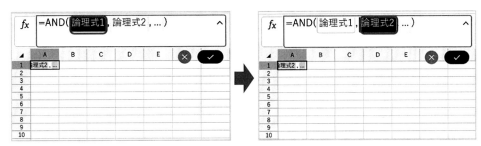

1. ［論理］の分類からAND関数を探してタップする。
2. ［論理式1］に1つ目の条件を設定する。
3. ［論理式2］に2つ目の条件を設定する。

159

OR関数

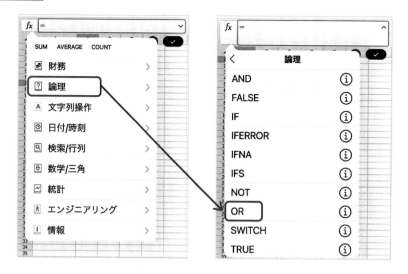

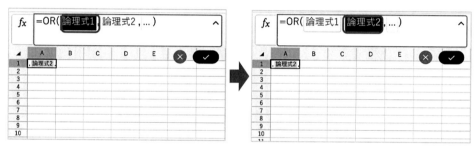

1．［論理］の分類からOR関数を探してタップする。
2．［論理式１］に１つ目の条件を設定する。
3．［論理式２］に２つ目の条件を設定する。

160

練習問題

問40

	A	B	C	D	E	F	G
1		基本教育科目単位	専門教育科目単位	合計取得単位数	GPA	評価1	評価2
2	吉岡秀明	20	10		2.0		
3	中山茂	16	8		2.2		
4	内山尚子	12	4		2.0		
5	矢守太郎	20	10		4.0		
6	小山田葉子	18	2		1.0		
7	鹿沼尚	8	0		0.5		

- 「合計取得単位数」を関数を用いて求めなさい。
- 「評価1」は，次のような条件で判定し表示されるようにしなさい。

　　【条件：合計取得単位数が14以下の場合は“留年”，GPAが2.0未満の場合は“留年”，そうでなければ“進級”】

- 「評価2」は，次のような条件で判定し表示されるようにしなさい。

　　【条件：合計取得単位数が14より多く，GPAが2.0以上の場合は“進級”，そうでなければ“留年”】

問41

	A	B	C	D	E	F
1	リゾートライナー発着時間早見表					
2	コード	発着駅	1	2	3	4
3	列車番号		東京	品川	新宿	小淵沢
4	1	1号	8:10	8:15	8:44	13:27
5	2	3号	12:51	12:57	13:26	18:56
6	3	5号	----	----	16:06	20:45
7	4	2号	13:29	13:23	12:53	8:20
8	5	4号	----	----	15:49	10:51
9	6	6号	19:40	19:34	19:02	13:53
10						
11			列車番号コード			
12			発着駅コード			
13				発着時間		

- 「列車番号コード」をD11に入力すると，「リゾートライナー発着時間早見表」から列車番号を探してE11に表示されるようにしなさい。さらに列車番号は「列車番号コード」が入力されないと表示しないようにしなさい。
- 「発着駅コード」についても「列車番号コード」の場合と同様にしなさい。
- 「発着時間」は各コードを入力すると「リゾートライナー発着時間早見表」から発着時間を

探し，E13に表示させなさい。さらに「発着時間」は，「列車番号コード」と「発着駅コード」の両方が入力されないと表示しないようにしなさい。

問42

	A	B	C	D	E
1	リゾートライナー発着時間早見表				
2					
3		東京	品川	新宿	小淵沢
4	1号	8:10	8:15	8:45	13:15
5	3号	12:50	12:55	13:15	15:15
6	5号	-----	-----	16:05	18:05
7	2号	13:20	13:25	13:45	15:45
8	4号	-----	-----	15:50	17:50
9	6号	19:40	19:45	20:05	22:05
10					
11		列車番号	出発駅	到着駅	
12		6号	東京	小淵沢	
13		時刻			

・列車番号，出発駅，到着駅を入力すると，C13，D13にそれぞれ出発時刻と到着時刻が表示されるように設定しなさい。さらに列車番号が入力されないと出発時刻と到着時刻が表示されないようにしなさい。

問43

	A	B	C	D	E	F	G	H	I	J
1			フェニックススクール宿泊所　料金表							
2										
3		部屋大きさ	6畳部屋				10畳部屋			
4		利用人数	4名	3名	2名	1名	4名	3名	2名	1名
5	利用日	コード	1	2	3	4	5	6	7	8
6	日曜日、祝日	1	31,300	32,300	33,300	34,300	37,800	39,800	41,800	42,800
7	月～金曜日	2	38,900	39,900	41,500	42,500	45,400	47,400	50,000	53,500
8	土曜日	3	40,800	41,800	42,800	43,800	49,800	51,800	53,800	55,800
9										
10	部屋・人数	1		料金						
11	利用日	2		消費税						
12				合計						

・「部屋・人数」と「利用日」にコード番号を入力すると料金が表示されるようにしなさい。
・料金にかかる消費税を税率10%で求めなさい。
・「合計」を求めなさい。
・「料金」「消費税」「合計」の箇所を通貨表示にしなさい。

第10章

データベース機能

学習する機能：データベース，データベース関数

　お互いに関連のあるデータ（情報）の集まりのことをデータベースと言う。例えば，下表のように「学生番号」「氏」「名」「学部」はすべてつながりのあるデータである。データベースは行（横）と列（縦）に関連づけられ，これをリスト（テーブル）と呼ぶ。

学生番号	氏	名	学部	学年	性別	年齢	住所
152001	後藤	和也	グローバル・コミュニケーション学部	1	男	20	東京都世田谷区
152002	酒井	照子	グローバル・コミュニケーション学部	1	女	19	埼玉県蕨市
152003	谷口	洋子	グローバル・コミュニケーション学部	1	女	20	東京都港区
152004	千葉	達也	グローバル・コミュニケーション学部	1	男	18	東京都東村山市

　データベース機能は，条件にあわせて，表内にあるデータから特定の値を見つけ出したり，あるいは集計したりすることができるもので，表計算ソフトの代表的な機能と言える。

1 データベースの各部名称

データベースを学ぶ上で各種名称や注意事項について覚えておくことが大切である。なぜならば、Excel以外のソフトやデータベースソフトの機能を学ぶ際に、それらの知識が理解を大きく助けるからである。

フィールド名　　　　フィールド

学生番号	氏	名	学部	学年	性別	年齢	住所
152001	俊藤	利也	グローバル・コミュニケーション学部	1	男	20	東京都世田谷区
152002	酒井	昭子	グローバル・コミュニケーション学部	1	女	19	埼玉県蕨市
152003	谷口	洋子	グローバル・コミュニケーション学部	1	女	20	東京都港区
152004	千葉	達也	グローバル・コミュニケーション学部	1	男	18	東京都東村山市

レコード

・「列（縦）」を**フィールド**，「行（横）」を**レコード**という

・各フィールドの先頭行には内容を示す項目名が入り，それを**フィールド名**という

～データベース作成における注意事項～

・各フィールドに入るデータは同じ種類でなければならない

・全角半角などが混在しないように注意

・1枚のワークシートには1つの表（テーブル）とする（複数の表を作成しない）

2 並べ替え

（1）並べ替え

　並べ替えは，例えば「学生番号順に並んだクラス名簿を誕生日順に並べ替えたい」というときに使う機能である。並べ替えはソートとも言う。

（A）単一条件の並べ替え（1つの条件で並べ替え）

【例題1】　「学生データ」ファイルのデータを「氏」のあいうえお順に並び替える

作業手順

❶ 「第10章＿例題1」ファイルを使用する。

❷ 並べ替え対象である「氏」のフィールドの任意のセルを選択しアクティブにする。

❸ ［データ］タブをクリックする。

❹ ［昇順］ボタンをクリックする。

> **ポイント**　昇順：小さい順，はじめから順（1→2→3...，あいう順など）
>
> 　　　　　　降順：大きい順，最後から順（Z→Y→X... など）

（B）複数条件の並べ替え

　実際に並べ替え機能を使用するときは，複数の条件で並べ替えをすることがほとんどである。例えば「年齢順」，かつ「誕生月順」で並べ替えるといったところだ。次は複数の条件で並べ替えてみよう。いくつか方法があるが，これさえ覚えておけばほとんどのケースで対応できる。

【例題2】　「学生データ」ファイルのデータを年齢順かつ誕生月順に並べ替える

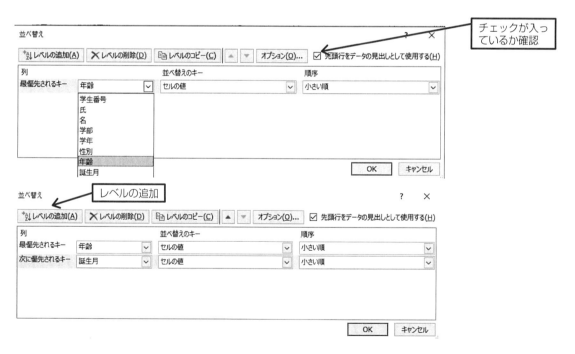

	A	B	C	D	E	F	G	H	I	J
1	学生番号	氏	名	学部	学年	性別	年齢	誕生月	住所	アルバイト月収
2	20123001	丸山	敏子	国際学部	4	女	23	8	千葉県佐倉市	18600
3	20123002	金子	貞子	国際学部	4	女	23	4	千葉県市原市	97400
4	20123003	三浦	孝子	国際学部	4	女	22	9	東京都杉並区	24900
5	20123004	石川	勇	国際学部	4	男	23	12	東京都大田区	26700
6	20123005	前田	隆	国際学部	4	男	22	8	神奈川県平塚市	41300
7	20123006	村上	あゆみ	国際学部	4	女	22	8	神奈川県相模原市	73700
8	20123007	大塚	聡	国際学部	4	男	23	11	埼玉県川越市	20600
9	20123008	中川	香織	国際学部	4	女	22	8	東京都大田区	91300
10	20123009	渡部	雄太	国際学部	4	男	22	12	千葉県市原市	32400

作業手順

❶　テーブルの任意セルをクリックしてアクティブにする。

❷　［データ］タブをクリックし，［並べ替え］のボタンをクリックする。

❸ 表示された並べ替えダイアログボックスの［先頭行をデータの見出しとして使用する（H)］のチェックボックスにチェックが入っているかどうかを確認する。入っていなければ，チェックを入れる。

❹ ［最優先されるキー］のプルダウンボタンをクリックして，「年齢」を選ぶ。

❺ 2つ目の条件である「誕生月」による並べ替えをするため，［レベルの追加（A)］というボタンをクリックして，［次に優先されるキー］を表示させ，先ほどと同じようにプルダウンボタンをクリックして「誕生月」を設定する。順序は昇順を選ぶ。

❻ OK をクリックする。

問44

	A	B	C	D	E	F	G	H	I	J
1	学生番号	氏	名	学部	学年	性別	年齢	誕生月	住所	アルバイト月収
2	20123001	丸山	敏子	国際学部	4	女	23	8	千葉県佐倉市	18600
3	20123002	金子	貞子	国際学部	4	女	23	4	千葉県市原市	97400
4	20123003	三浦	孝子	国際学部	4	女	22	9	東京都杉並区	24900
5	20123004	石川	勇	国際学部	4	男	23	12	東京都大田区	26700
6	20123005	前田	隆	国際学部	4	男	22	8	神奈川県平塚市	41300
7	20123006	村上	あゆみ	国際学部	4	女	22	8	神奈川県相模原市	73700
8	20123007	大塚	聡	国際学部	4	男	23	11	埼玉県川越市	20600
9	20123008	中川	香織	国際学部	4	女	22	8	東京都大田区	91300
10	20123009	渡部	雄太	国際学部	4	男	22	12	千葉県市原市	32400

※ここには問題の一部を掲載している。

・学年順に並べ替えをしなさい。

問45

	A	B	C	D	E	F	G	H	I	J
1	学生番号	氏	名	学部	学年	性別	年齢	誕生月	住所	アルバイト月収
2	20123001	丸山	敏子	国際学部	4	女	23	8	千葉県佐倉市	18600
3	20123002	金子	貞子	国際学部	4	女	23	4	千葉県市原市	97400
4	20123003	三浦	孝子	国際学部	4	女	22	9	東京都杉並区	24900
5	20123004	石川	勇	国際学部	4	男	23	12	東京都大田区	26700
6	20123005	前田	隆	国際学部	4	男	22	8	神奈川県平塚市	41300
7	20123006	村上	あゆみ	国際学部	4	女	22	8	神奈川県相模原市	73700
8	20123007	大塚	聡	国際学部	4	男	23	11	埼玉県川越市	20600
9	20123008	中川	香織	国際学部	4	女	22	8	東京都大田区	91300
10	20123009	渡部	雄太	国際学部	4	男	22	12	千葉県市原市	32400

※ここには問題の一部を掲載している。

・「学部」かつ「性別」で並べ替えなさい。

3　抽　出

抽出とは，指定した条件を満たすデータのみを表示させる機能である。例えば，「○●県に住む20代独身男性を見つけたい」といった場合などだ。「単一条件」による抽出と「複数条件」による抽出の方法を学ぼう。

【例題3】　単一条件による抽出 ― 男性だけのデータを抽出する

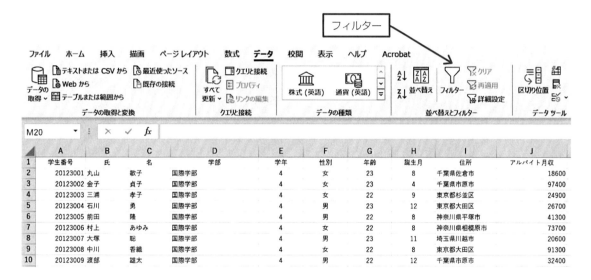

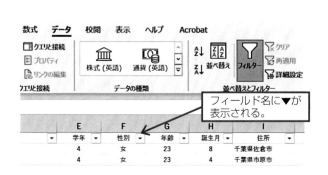

作業手順

❶ テーブルの任意のセルをクリックしてアクティブにする。

❷ ［データ］タブをクリックして，［フィルター］のアイコンをクリックする。するとフィールド名のセルにプルダウンボタン▼が表示される。

❸ 「性別」フィールドのプルダウンボタン▼をクリックする。

❹ プルダウンメニューが表示されるので，一度［(すべて選択)］のチェックボックスをクリックしてチェックを外して，「男」のチェックボックスに✔を入れ，OK をクリックする。

step up 抽出条件が「経営学部の男性」であれば複数条件であるが，異なるフィールドでの複数条件の抽出であれば「学部」フィールドで"経営学部"，「性別」フィールドで"男"とそれぞれで抽出を行ってもよい。

【例題4】 複数条件による抽出 ── 埼玉県あるいは千葉県が住所の学生を抽出する

　同一フィールド内における複数条件による抽出の仕方についてみてみよう。これにはテキストフィルター機能を使う（数値の場合には数値フィルター）。

作業手順

❶ 抽出する「住所」フィールドのプルダウンボタン▼をクリックする。

❷ 現れたプルダウンメニューの［テキストフィルター (F)］をクリックし，任意の条件をクリックする。この場合は，"埼玉県"と"千葉県"で始まるので，［指定の値で始まる (I)］を選択してクリックする。

❸ ［オートフィルターオプション］ダイアログボックスが表示されるので，上図のように設定をする。

ポイント
- 「で始まる」と「を含む」の違い（先頭か途中でもいいか）などに注意する
- OR関数はどちらか１つに当てはまればいいのに対して，AND関数は両方とも当てはまらないといけない点に注意する
- 抽出を解除して元に戻すときは，“性別”から［フィルターをクリア（C）］をクリックする

スマートフォンでの操作

条件抽出

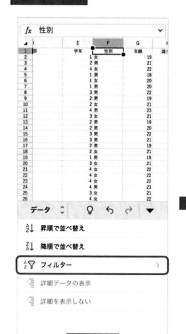

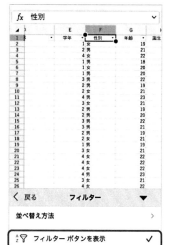

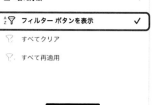

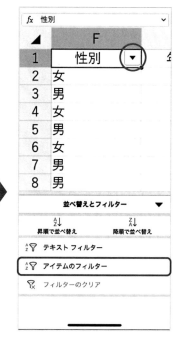

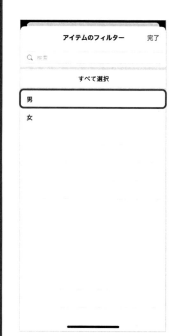

1. 対象となるセルを選択し,[データ]内の[フィルター]をタップする。
2. [フィルター]内の[フィルターボタンを表示]をタップする。
3. [▼]をタップし,任意のフィルターを選んでタップする。この説明では[アイテムのフィルター]を選択。
4. 選択肢から候補を選択して,[完了]をタップする。

【補足】
[テキストフィルター]については,単一条件の抽出は可能だが,複数条件の抽出はできない(作成時)

練習問題

問46

	A	B	C	D	E	F	G	H	I	J
1	学生番号	氏	名	学部	学年	性別	年齢	誕生月	住所	アルバイト月収
2	20123001	丸山	敏子	国際学部	4	女	23	8	千葉県佐倉市	18600
3	20123002	金子	貞子	国際学部	4	女	23	4	千葉県市原市	97400
4	20123003	三浦	孝子	国際学部	4	女	22	9	東京都杉並区	24900
5	20123004	石川	勇	国際学部	4	男	23	12	東京都大田区	26700
6	20123005	前田	隆	国際学部	4	男	22	8	神奈川県平塚市	41300
7	20123006	村上	あゆみ	国際学部	4	女	22	8	神奈川県相模原市	73700
8	20123007	大塚	聡	国際学部	4	男	23	11	埼玉県川越市	20600
9	20123008	中川	香織	国際学部	4	女	22	8	東京都大田区	91300
10	20123009	渡部	雄太	国際学部	4	男	22	12	千葉県市原市	32400
11	20123010	安西	里香	国際学部	4	女	22	12	千葉県市川市	13800
12	20124001	野田	幸一	健康科学部	4	男	22	6	東京都杉並区	70600
13	20124002	斉藤	卓也	健康科学部	4	男	23	9	埼玉県日高市	87200
14	20124003	山口	修二	健康科学部	4	男	22	10	埼玉県秩父市	36000
15	20124004	山﨑	哲也	健康科学部	4	男	23	10	埼玉県坂戸市	46600
16	20124005	小林	昇	健康科学部	4	男	22	2	神奈川県川崎市	45700
17	20124006	太田	裕子	健康科学部	4	女	22	9	千葉県千葉市	66500
18	20124007	藤本	敏之	健康科学部	4	男	22	11	埼玉県秩父市	79900
19	20124008	渋谷	金三郎	健康科学部	4	男	23	12	千葉県成田市	67900
20	20124009	木村	沙里	健康科学部	4	女	22	2	埼玉県狭山市	98000
21	20124010	宇野	若菜	健康科学部	4	女	22	5	千葉県市原市	54800
22	20125001	遠藤	圭子	経営学部	4	女	22	2	神奈川県川崎市	49200
23	20125002	宮元	きみ子	経営学部	4	女	22	8	埼玉県坂戸市	81000
24	20125003	高木	幸代	経営学部	4	女	22	8	神奈川県平塚市	82800
25	20125004	坂本	亜美	経営学部	4	女	22	7	埼玉県飯能市	94400
26	20125005	松井	直人	経営学部	4	男	22	2	埼玉県川越市	98800
27	20125006	益田	拓斗	経営学部	4	男	22	12	神奈川県鎌倉市	43300
28	20125007	村田	聡志	経営学部	4	男	23	5	千葉県佐倉市	74900
29	20125008	木下	寛	経営学部	4	男	22	4	神奈川県横浜市	45000
30	20125009	林	達也	経営学部	4	男	22	8	埼玉県狭山市	94700

※ここには問題の一部が掲載されている。

・「性別」が“男”で，かつ「住所」が“東京都”と“埼玉県”の学生を抽出しなさい。

4 アウトラインの集計機能

Excelのデータベース機能には「アウトライン」という機能がある。これはデータを任意にグループ化して，集計したりすることができる大変便利な機能である。では，アウトラインの集計機能を使ってみよう。

【例題5】 日付ごとに売上金の合計を求める

「家電販売店データ」ファイルを開いて，日付ごとに売上金の合計を求めてみよう。

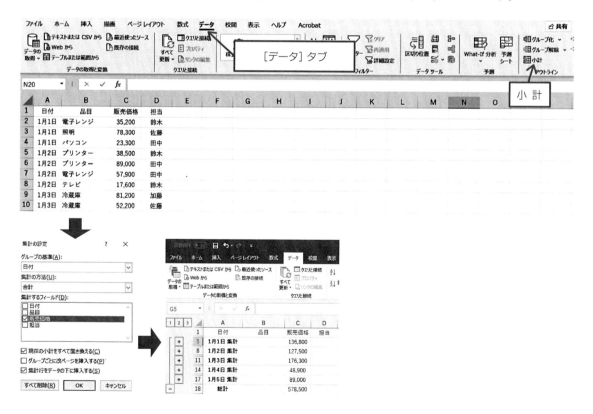

作業手順

❶ テーブルの任意の場所をクリックして，アクティブにする。

❷ リボンの［小計］ボタンをクリックして，［集計の設定］ダイアログボックスを表示させる。

❸ グループの基準は集計をする基準なので，プルダウンボタンを使って［日付］に設定する。

❹　集計の方法は合計金額を求めるので［合計］を設定する。

❺　集計するフィールドは集計する対象なので,「販売価格」のチェックボックスをクリックしてオンにする。

❻　OK をクリックする。

> **ポイント**　表を元に戻すためには,［集計の設定］ダイアログボックスの［すべて削除］を
> クリックする。

問47

	A	B	C	D
1	日付	品目	販売価格	担当
2	1月1日	電子レンジ	35,200	鈴木
3	1月1日	照明	78,300	佐藤
4	1月1日	パソコン	23,300	田中
5	1月2日	プリンター	38,500	鈴木
6	1月2日	プリンター	89,000	田中
7	1月2日	電子レンジ	57,900	田中
8	1月2日	テレビ	17,600	鈴木
9	1月3日	冷蔵庫	81,200	加藤
10	1月3日	冷蔵庫	52,200	佐藤
11	1月3日	照明	92,700	高橋
12	1月3日	洗濯機	75,500	田中
13	1月3日	洗濯機	32,300	田中
14	1月3日	電子レンジ	95,100	佐藤
15	1月4日	照明	23,100	鈴木
16	1月4日	冷蔵庫	25,800	佐藤
17	1月5日	プリンター	10,100	佐藤
18	1月5日	洗濯機	43,600	高橋
19	1月5日	プリンター	78,900	鈴木
20	1月6日	照明	66,700	加藤
21	1月7日	照明	83,500	佐藤
22	1月7日	冷蔵庫	40,500	佐藤
23	1月7日	洗濯機	59,200	鈴木
24	1月8日	冷蔵庫	88,200	佐藤
25	1月9日	冷蔵庫	98,200	鈴木
26	1月9日	電子レンジ	81,700	加藤
27	1月9日	冷蔵庫	60,700	加藤
28	1月10日	テレビ	62,700	高橋
29	1月10日	電子レンジ	35,700	佐藤
30	1月10日	プリンター	96,700	田中

※ここには問題の一部が掲載されている。

・日付ごとに販売された家電の個数を求めなさい。

5 データベース関数

　データベース関数は，データベース上で使用する関数である。よく知っている関数の先頭に「D」がついているだけに見えるので簡単そうに感じるかもしれないが，いざ使うとなると間違えがちな関数である。ただし関数の形式は基本的に同じなので，１つの形式とExcel関数の名前と計算内容について覚えておけばよい。

関数の使い方

　基礎的な関数に似ているので，目的に沿って関数を選択するのは容易かもしれない。ただし，各項目の設定には，練習が必要である。

=データベース関数（Database, フィールド, Criteria（条件））

　データベース関数…DSUM, DAVERAGE, DMAX, DMINなど

　　　Database → 集計するデータベースの範囲

　　　フィールド → 処理する対象データのフィールド名

　　　Criteria（条件）→ 集計する条件が入力されている範囲

ポイント 　・集計する条件は，任意の場所に下記のような組み合わせを作っておく

【ヨコ型】

フィールド名	フィールド名	フィールド名	フィールド名
データ	データ	データ	データ

【タテ型】

フィールド名
データ
データ
データ
データ

・フィールドを設定する際,「Ｂ（全角)」と「Ｂ（半角)」など視覚的に見分けることが難しい場合は,コピー&ペーストをするなど丁寧な記述が必要

【例題6】

	A	B	C	D	E
1	日付	商品名	単価	数量	金額（税込）
2	5月1日	テレビ	100,000	1	110,000
3	5月2日	冷蔵庫	200,000	2	440,000
4	5月3日	洗濯機	150,000	1	165,000
5	5月4日	テレビ	70,000	5	385,000
6	5月5日	洗濯機	180,000	1	198,000

作業手順

❶ 「テレビ」の売上合計金額をデータベース関数を用いて求める。

❷ 任意の場所に検索条件を設定する（この場合は,「商品名」フィールドの「テレビ」)。

❸ 売上金額を求めるセル（G8）にDSUM関数を設定する。

データベース関数の種類

関数名	用　途
DSUM	「フィールド」列に入力されている数値で，「条件」を満たすレコードの合計を求める
DMAX	指定された列を検索し，条件を満たすレコードの最大値を求める
DMIN	指定された列を検索し，条件を満たすレコードの最小値を求める
DAVERAGE	指定された列を検索し，条件を満たすレコードの平均値を求める
DCOUNT	指定された列を検索し，条件を満たすレコードの中で数値が入力されているセルの個数を求める
DCOUNTA	指定された列を検索し，条件を満たすレコードの中で空白でないセルの個数を求める
DSTDEV	指定された列を検索し，条件を満たすレコードを標本とみなして標準偏差を求める
DSTDEVP	指定された列を検索し，条件を満たすレコードを母集団とみなして標準偏差を求める
DVAR	指定された列を検索し，条件を満たすレコードを標本とみなして分散を求める
DVARP	指定された列を検索し，条件を満たすレコードを母集団とみなして分散を求める

スマートフォンでの操作

データベース関数

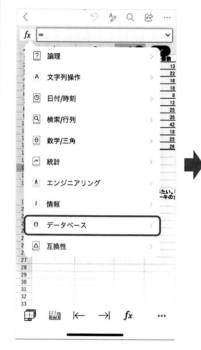 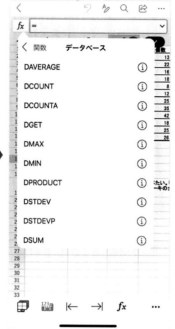 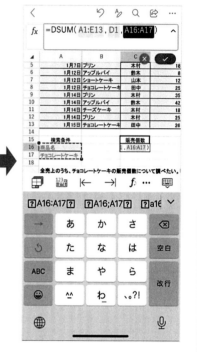

1. fxボタンをタップし, [データベース] をタップする。
2. 使用したい関数を選択する。
3. フィールド, 条件などのセルを設定する。

練習問題

問48

	A	B	C	D	E
1	受注日	商品名	販売担当	販売個数	売上金額
2	1月6日	チョコレートケーキ	田中	13	¥5,460
3	1月7日	ショートケーキ	鈴木	22	¥11,000
4	1月7日	チーズケーキ	山本	16	¥6,080
5	1月7日	プリン	木村	18	¥3,600
6	1月12日	アップルパイ	鈴木	8	¥2,800
7	1月12日	ショートケーキ	山本	12	¥6,000
8	1月12日	チョコレートケーキ	田中	25	¥10,500
9	1月14日	プリン	木村	35	¥7,000
10	1月14日	アップルパイ	鈴木	42	¥14,700
11	1月14日	チーズケーキ	木村	18	¥6,840
12	1月14日	プリン	木村	25	¥5,000
13	1月15日	チョコレートケーキ	田中	26	¥10,920
14					
15	検索条件		販売個数		
16					
17					

・全売上のうち，チョコレートケーキの販売個数について調べたい。「検索条件」のセルA16〜A17に必要な検索条件を設定して，チョコレートケーキの全販売個数をセルC16に表示させなさい。

問49

	A	B	C	D	E	F
1	受注日	商品名	販売担当	販売個数	売上金額	
2	1月6日	チョコレートケーキ	田中	13	¥5,460	
3	1月7日	ショートケーキ	鈴木	22	¥11,000	
4	1月7日	チーズケーキ	山本	16	¥6,080	
5	1月7日	プリン	木村	18	¥3,600	
6	1月12日	アップルパイ	鈴木	8	¥2,800	
7	1月12日	ショートケーキ	山本	12	¥6,000	
8	1月12日	チョコレートケーキ	田中	25	¥10,500	
9	1月14日	プリン	木村	35	¥7,000	
10	1月14日	アップルパイ	鈴木	42	¥14,700	
11	1月14日	チーズケーキ	木村	18	¥6,840	
12	1月14日	プリン	木村	25	¥5,000	
13	1月15日	チョコレートケーキ	田中	26	¥10,920	
14						
15	検索条件		売上金額			
16						
17						

・全売上のうち，木村の売上金額について調べたい。「検索条件」のセルA16〜A17に必要な検索条件を設定して，木村の合計売上金額をセルC16に表示させなさい。

第11章

データの集計と可視化

使用する機能：ピボットテーブル

売上データや顧客データ，人事データ，財務データといった様々なデータが存在する。しかし，どんなデータを分析するにしても，まず行うべきは「データの集計と可視化」である。この章ではクロス集計など複雑な表を自在に作成できるピボットテーブル機能を使ったデータの集計の仕方と可視化の方法を学び，データから有益な情報を引き出す方法について学ぶ。

1 データの種類

データ（変数）は大きく分けると質的データと量的データに分けることができる。質的データとは文字型のデータで，そのまま足したり，引いたり演算のできない変数で，量的データとは数字データで，足したり引いたりの演算ができる変数である。例えば，性別，出身地や喫煙の有無は質的データに分類され，試験の点数や売上データは量的データに分類される。

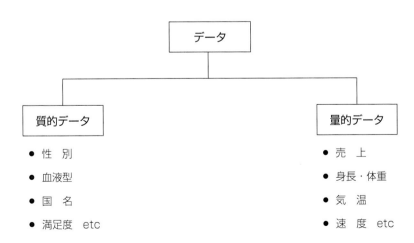

【例題 1】 「人事データ」ファイルを開いて，各変数を質的と量的データに分類しなさい。

	A	B	C	D	E	F	G	H	I	
1	ID	満足度	他者評価	月間労働時間	労災	退職・在職	過去5年昇進	所属部署	給料	
2	7050	0.67	0.52	273	無	在職	無	営業	low	
3	11595	0.83	0.55	271	無	在職	無	営業	medium	
4	6	0.41	0.5	153	無	退職	無	営業	low	
5	1682	0.83	0.94	264	無	退職	無	営業	low	
6	6473	0.14	0.98	221	無	在職	無	IT	low	
7	7034	0.68	0.61	134	無	在職	無	営業	medium	
8	13497	0.64	0.67	143	無	在職	無	営業	medium	
9	1757	0.1	0.87	247	無	退職	無	マーケティング	low	
10	2989	0.99	0.76	204	無	在職	無	営業	medium	
11	4147	0.18	0.81	140	無	在職	無	営業	low	
12	1690	0.38	0.51	141	無	退職	無	営業	low	
13	6042	0.96	0.68	145	有	在職	無	営業	medium	
14	4754	1	0.84	154	無	在職	無	営業	medium	

質的データに分類される変数：ID，労災，退職・在職，過去5年昇進，所属部署，給料
量的データに分類される変数：満足度，他者評価，月間労働時間

＊注意しておきたいのは社員IDである。これは一見すると数字データなので量的データに分類するべきかと思われがちだ。しかし，「社員IDの足し算や引き算」なんて聞いたことがないのは，IDは社員の名前を数値に置き換えたにすぎず，質的データとして扱うべきだからである。

2 データから問題点を設定する

　蓄積された量的データや質的データを整理，集計することで現状を正しく把握することができる。その時に最も大事なことは分析の目的を明確にすることである。データ分析をする目的がないと何をしたらいいのか分からないとか，意味のないレポートを書いて終わるなど路頭に迷うことになりかねない。自分がデータ分析によって何を知りたいのかについて分析の前に議論してから分析はスタートする。

【例題2】　「人事データ」ファイルを開いて，これらデータから何を知ることが出来るのかの
　　　　　　分析目的について考えなさい。

分析の目的　その1
　会社の利益配分が妥当であるかを調査するために，「給料」の配分を把握するための分析を目標にする（例題3参照）

分析の目的　その2
　最近，ある部署の社員から，所属部署の給料が他の部署と比較して低いという苦情が出他ので，その事実を調査する（例題4参照）

分析の目的　その3
　長期労働を強いられているような部署があれば，それを改正する必要があるので，社員の労働時間について把握するために，部署と労働時間の関係について調査する（例題5参照）

3 質的データの集計と可視化

第6章では量的データをグラフする手法を学んだ。ここでは質的データの集計・可視化の手法について学ぼう。文字型のデータは一般に足し算や引き算ができないので「平均値」や「最大値」などを計算することはない。その代わり「カウントする」ことが質的データを理解・把握するための重要な分析になる。ここで使用する機能がピボットテーブルである。

【例題3】　「人事データ」ファイルの「給料」というデータについて，ピボットテーブル機能を用いて給料が「low」「medium」「high」が何人かをカウントし，「給料」配分について把握できる表とグラフを作成しなさい。

作業手順

❶ 表の中のセル（表中ならどこでもOK）をクリックし，アクティブにした状態で［挿入］タブ内の［ピボットテーブル］をクリック。

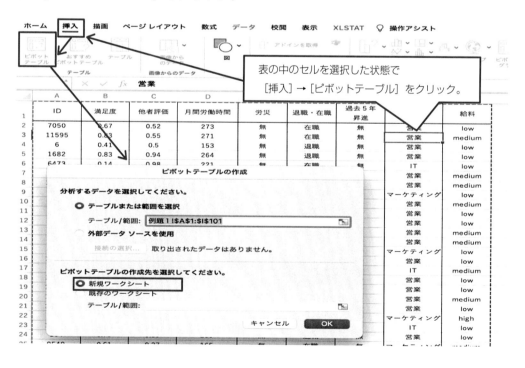

❷ 「ピボットテーブルの作成」ボックス内の［テーブルまたは範囲を選択（S）］で対象を指定し，［新規ワークシート］にチェックを入れて，$\boxed{\text{OK}}$をクリックする。ピボットテーブルが表示されるのを確認する。

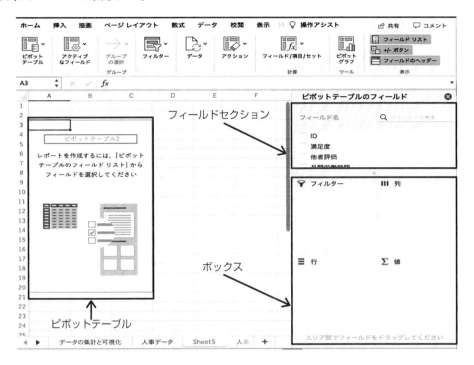

❸ 下の図のように，画面右側に表示される［ピボットテーブルのフィールド］から，「給料」を「行」と「値」にそれぞれドラッグ＆ドロップし，給料を集計する。

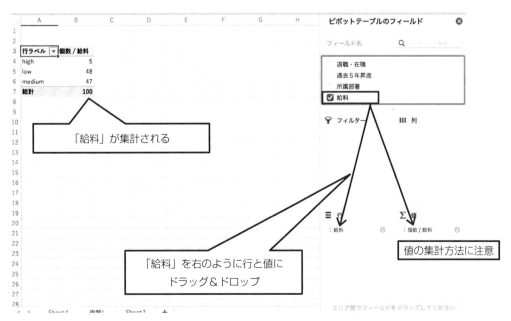

187

❹ ピボットテーブルの赤枠部分のデータを選択し，［挿入］から円グラフを選択する。

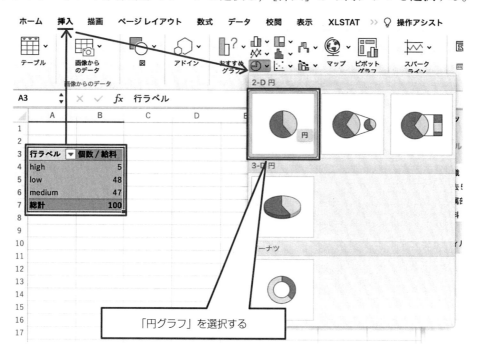

「円グラフ」を選択する

❺ 下図のような2-Dグラフを作成する。

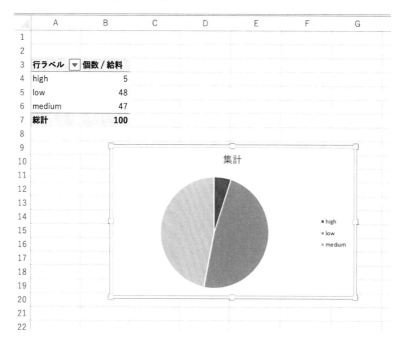

❻ グラフを作成した後にタイトルや凡例などの表示や配置を変更したい場合，クリックレイアウトを使う。クリックレイアウトで用意されているレイアウトはグラフの種類によって

異なる。円グラフの場合，7種類のレイアウトが用意されている。その中から割合が表示されるレイアウトを選択してみよう。

グラフエリアをクリックし，[デザイン]タブの[グラフのレイアウト]→[クイックレイアウト]→[レイアウト2]を選択する。

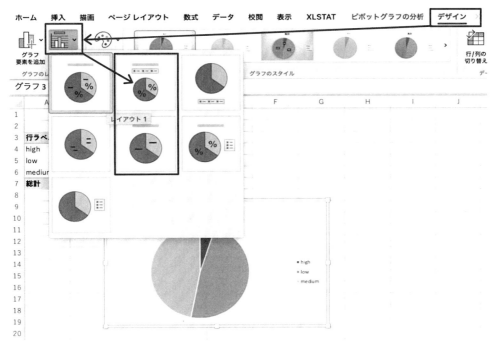

すると，円グラフに割合（パーセント）が表示される。[レイアウト1]を選択すると，グラフのタイトル，値とパーセンテージのデータラベルが表示される。

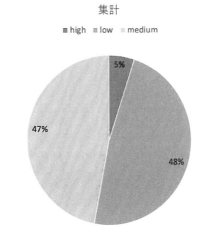

step up ピボットテーブルでもグラフを作成することができる。ピボットテーブルツールの
[分析] タブ内にある [ピボットグラフ] をクリックすると表示される [グラフの
挿入] からもグラフを作成することができる。

4 質的データ×質的データの関係を集計し可視化する

　喫煙する・しないという質的データと，癌（がん）になる・ならないという質的データの関連性を調べる場合，まずはピボットテーブル機能を用いてクロス集計表を作成し，その結果をグラフ化することによって，喫煙と癌の関係を把握することが可能になる。

【例題4】　「人事データ」ファイルを開いて，この会社の部署と給料の関係について分析しなさい。

	A	B	C	D	E	F	G	H	I
1	ID	満足度	他者評価	月間労働時間	労災	退職・在職	過去5年昇進	所属部署	給料
2	7050	0.67	0.52	273	無	在職	無	営業	low
3	11595	0.83	0.55	271	無	在職	無	営業	medium
4	6	0.41	0.5	153	無	退職	無	営業	low
5	1682	0.83	0.94	264	無	退職	無	営業	low
6	6473	0.14	0.98	221	無	在職	無	IT	low
7	7034	0.68	0.61	134	無	在職	無	営業	medium
8	13497	0.64	0.67	143	無	在職	無	営業	medium
9	1757	0.1	0.87	247	無	退職	無	マーケティング	low
10	2989	0.99	0.76	204	無	在職	無	営業	medium
11	4147	0.18	0.81	140	無	在職	無	営業	low
12	1690	0.38	0.51	141	無	退職	無	営業	low
13	6042	0.96	0.68	145	有	在職	無	営業	medium
14	4754	1	0.84	154	無	在職	無	営業	medium

（ここにはデータの一部が掲載されています）

作業手順

❶　表の中のセル（どこでもOK）を選択した状態で［挿入］→［ピボットテーブル］をクリック。

❷　［新規ワークシート］にチェックし，OK をクリックし，ピボットテーブルが表示されるのを確認する。

❸　下の図のように，「所属部署」を「行」に，「給料」を「列」と「値」にドラッグ＆ドロップし，部署ごとの給料を集計する。

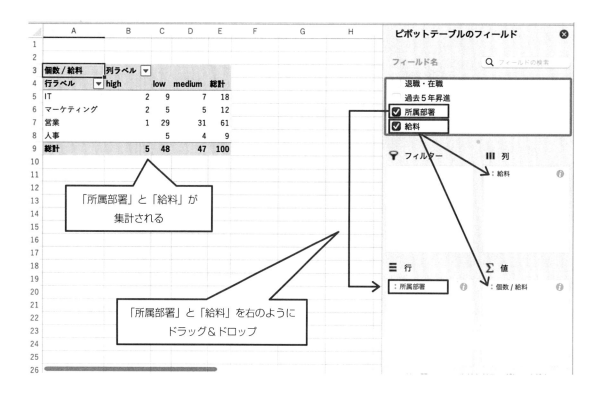

「所属部署」と「給料」が
集計される

「所属部署」と「給料」を右のように
ドラッグ＆ドロップ

❹ ［挿入］から赤枠で囲まれた棒グラフを選択する。

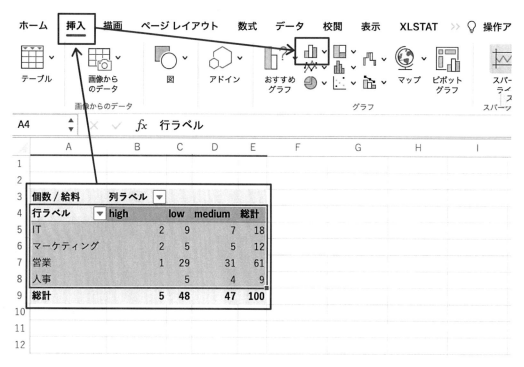

❺　この例題では100％積み上げ縦棒を選択し，集計結果を可視化する。

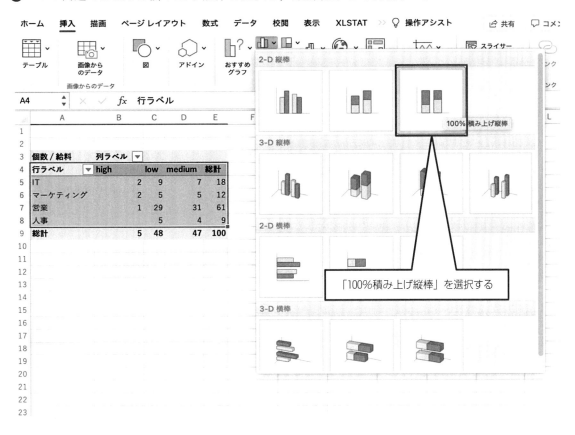

❻　グラフの完成

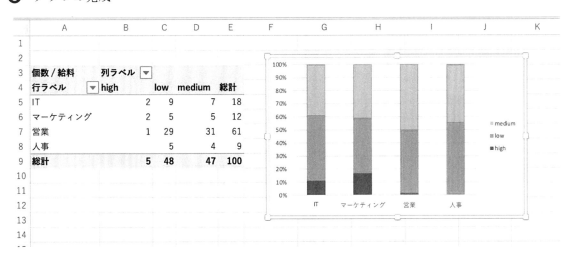

　グラフは，高い給料をもらっている人の割合が一番高いのは営業部であることや，給料の安い人が多いのは経理部であることを示している。

ピボットテーブルでは，元のリスト（ピボットテーブルの対象として選択した表）に変更があったら，以下の操作をしてピボットテーブルの更新を行う必要がある。

① データが更新された場合（修正含む）は，ピボットテーブルツールの［分析］タブ→［更新］

② データが追加された場合は，ピボットテーブルツールの［分析］タブ→［データソースの変更］をクリックし，［テーブル／範囲 (T)］に適切な範囲を指定する。

5 質的データ×量的データの関係を集計し可視化する

【例題5】　「人事データ」ファイルを開いて，部署と勤務時間について分析しなさい。ここでは，部署ごとに労働時間の平均を計算して比較しなさい。

作業手順

❶　表の中のセル（どこでもOK）を選択した状態で［挿入］→［ピボットテーブル］をクリック。

❷　［新規ワークシート］にチェックし，OK をクリックし，ピボットテーブルが表示されるのを確認する。

❸　下の図のように，「所属部署」を［行］に，「月間労働時間」を［値］にドラッグ＆ドロップし，部署ごとの月間労働時間を集計する。

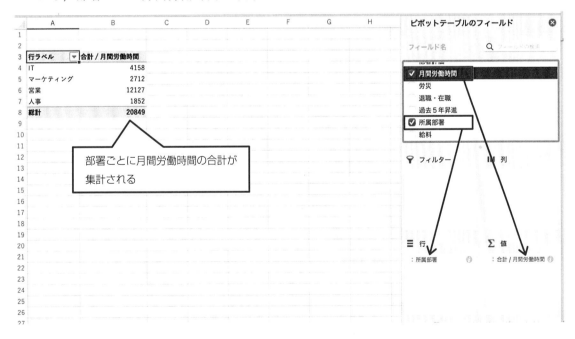

❹　部署ごとの月間労働時間の平均を計算するために，ピボットテーブルの列内で右クリックして，メニューの［値の集計方法］から，［平均］を選択する。

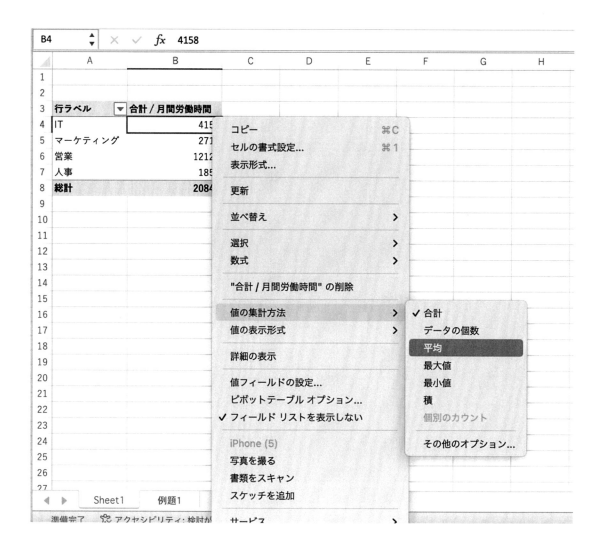

部署ごとの月間労働時間の平均が求められた。

	A	B	C
1			
2			
3	**行ラベル** ▼	**平均 / 月間労働時間**	
4	IT	231	
5	マーケティング	226	
6	営業	198.8032787	
7	人事	205.7777778	
8	**総計**	**208.49**	
9			
10			

❺ この例題では「2-D横棒」を選択し，集計結果を可視化する。

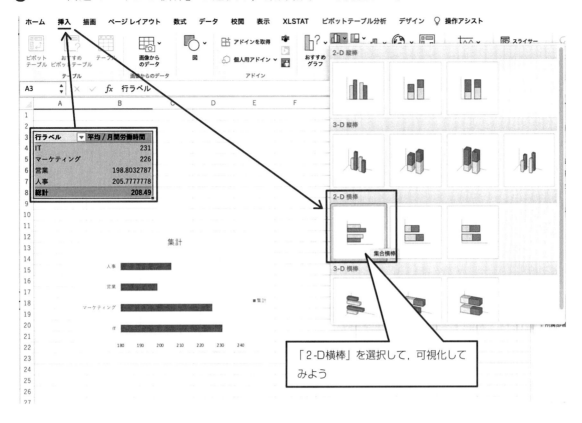

「2-D横棒」を選択して，可視化して
みよう

この会社ではIT部門の社員の労働時間が長く，二番目に労働時間が長いのはマーケティング部門の社員であることがグラフから見てわかる。

＊フィールドリストを使って集計方法を変更する

フィールドリストを利用して平均を求める場合は，フィールド名をクリックして，［ピボットテーブルフィールド］を選択する。集計方法から［平均］を選択して，OK を押すことで平均を求めることも可能である。

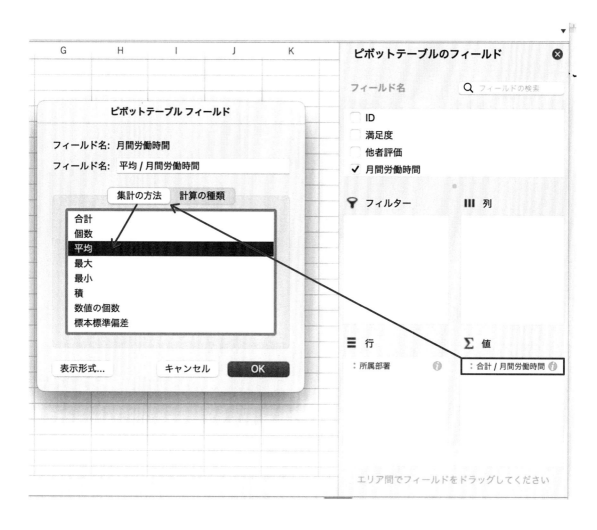

この問題では平均を求めたが，他の計算を選択すれば，合計，個数，平均，最大，最小，積，数値の個数，標本標準偏差，標準偏差，標本分散，分散を必要に応じて計算できる。

step up 膨大な量のデータでは，"ある一部の期間"だけのデータで整理・集計することがよくある。そこで使用されるのが「グループ化」の機能である。

まとめるフィールドの任意のセルを選択し，ピボットテーブルツールの［分析］タブにある［グループの選択］をクリック，［グループ化］ボックスの［単位（B）］からまとめたい単位を選択し OK をクリックする。

元に戻すときはグループ化したフィールドの任意のセルを選択し，ピボットテーブルツールの［分析］タブにある［グループ解除］をクリックすればよい。

スマートフォンでの操作

ピボットテーブル

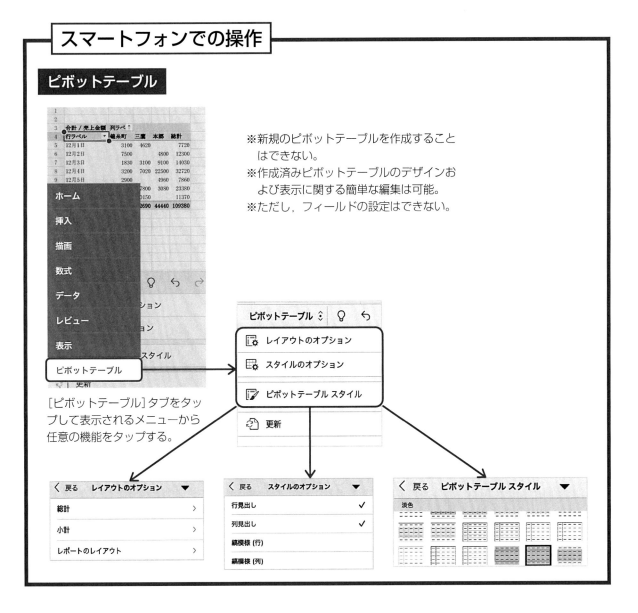

※新規のピボットテーブルを作成すること
はできない。
※作成済みピボットテーブルのデザインお
よび表示に関する簡単な編集は可能。
※ただし，フィールドの設定はできない。

[ピボットテーブル]タブをタッ
プして表示されるメニューから
任意の機能をタップする。

問50

・問50のファイルを開き，グループ化機能を用いて月ごとの商品売り上げを集計し，その結果を縦棒グラフを用いて可視化しなさい。

問51

・「人事データ」ファイルを開いて，この会社の在職者・退職者の数をそれぞれカウントして，その結果を円グラフを利用して可視化しなさい。

問52

・「人事データ」ファイルを開いて，この会社の部署と在職者・退職者の関係について分析しなさい。在職者・退職者の数をそれぞれカウントして，その結果を100％積み上げ縦棒を利用して可視化しなさい。

問53

・「人事データ」ファイルを開いて，この会社の部署と在職者・退職者で月間労働時間の平均に差があるのかを比較し，その結果を「2-D横棒」を利用して可視化しなさい。

補　章

データによる意思決定

　近年，データサイエンス，ビッグデータ，データマイニングなどの統計に関連した用語がトレンドになっているが，そもそもなぜ統計学が近年，それほど注目されているのだろうか？　それは一昔前までの勘・経験・度胸に基づいた意思決定から，より客観的なデータに基づく合理的な意思決定に変えていこうという動きが加速しているからだと考えられる。統計学の導く結果に基づく意思決定を体感してもらうために，次のような例を考えてみよう。

【例　題】「株価データ」は株価Aと株価Bの100日分の終値データです。このデータに基づき，どちらの株に投資するかの意思決定を行いなさい。

	A	B	C	D
1				
2		株価A	株価B	
3		308.2	312.1	
4		319.4	377.8	
5		306.7	283.2	
6		307.9	356.1	
7		316.4	295.0	
8		305.9	350.1	
9		314.1	335.1	
10		324.7	374.8	
11		319.2	358.4	
12		299.9	338.1	
13		305.1	318.6	

分析１　株価Aと株価Bの平均を計算する

　株価Aと株価Bの変動傾向を把握するためにまずはそれぞれの平均株価を計算してみよう。平均値はエクセルのAVERAGE関数を使って計算する。AVERAGE関数はセル範囲を次のように指定することで計算できる。

	株価A		株価B	
平均	=AVERAGE(B3:B102)		=AVERAGE(C3:C102)	
標準偏差				

　すると，どちらの株価の平均も320円と同じ値であることがわかる。したがって平均値を知っただけでは株価Aと株価Bどちらを買うべきなのかの意思決定をすることはできない。

分析2　株価Aと株価Bの標準偏差を計算する

　標準偏差とはデータの特徴を要約する基本統計量の1つで，「データが平均値の周辺でどれくらいバラついているか」を表す。株価Aと株価Bの平均値が同じで，それだけでは判断できない場合，データのバラツキ具合の違いである標準偏差を用いることで，AとBの違いを明らかにすることができる。ExcelではSTDEV関数を用いて標準偏差を計算することが可能である。
※標準偏差には，分析対象となるデータによっては母標準偏差を求めるSTDEV.P関数と標本標準偏差を求めるSTDEV.S関数を使い分けることも覚えておこう。詳しくは統計学の専門書を参考にしてほしい。

	株価A	株価B
平均	=AVERAGE(B3:B102)	=AVERAGE(C3:C102)
標準偏差	=STDEV(B3:B102)	=STDEV(C3:C102)

　株価Aの標準偏差が10.9，株価Bの標準偏差が48.4と計算ができた。
　標準偏差は，数値が大きいと平均値周りのバラツキが大きく，小さいと平均値周りのバラツキが小さいと捉えることができるので，Bの方がAよりも平均値周りのバラツキが4倍以上大きいということになる。

分析3　折れ線グラフを作成する

　標準偏差の意味を理解するために，株価Aと株価Bの変動を折れ線グラフを使って可視化してみよう。

　まず最初にグラフの対象となる株価Aと株価Bのデータを選択し，[挿入] ボタンをクリックし，リボンが表示されたら「グラフ」グループの中から [折れ線グラフ] アイコンをクリック。グラフの種類一覧が表示されるので，「折れ線」を選んでクリックする。

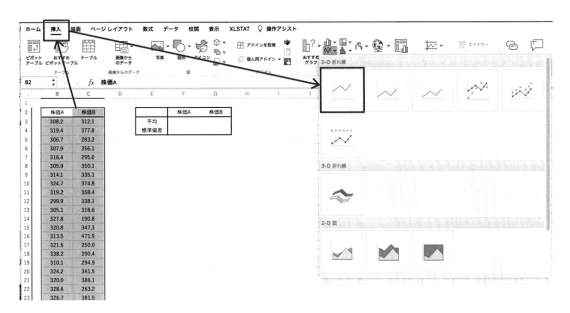

折れ線グラフが表示された。

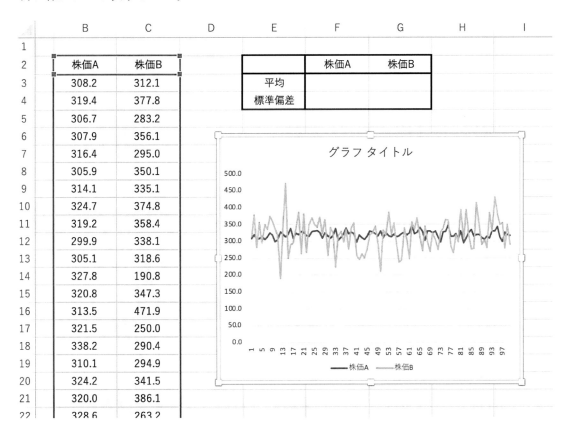

標準偏差はこのグラフで何を意味するのかについて考えてみよう。

リスクを数値化する標準偏差

標準偏差とは「データが平均値の周辺でどれくらいバラついているか」を表す値だった。

下のグラフで黒線が平均の320円を表す線になっている。このグラフからも平均回りのバラツキが小さいのが株価Aで，平均回りのバラツキが大きいのが株価Bであることがわかる。それではこのばらつきは何を意味するのだろうか？

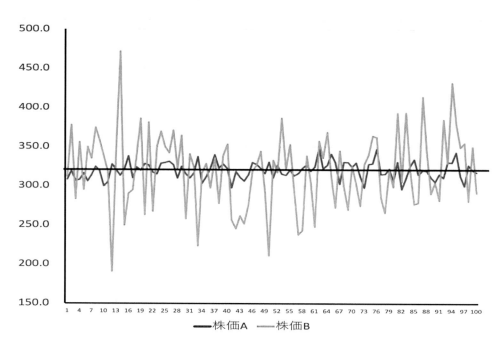

金融の世界で標準偏差はリスクを表す指標として用いられる。一般にリスクと言えば，「危険度」などの意味で用いられるが，金融の世界でリスクと言うと「リターンの変動」，つまりリターンのブレの大きさを示す値なのである。つまり標準偏差が小さいA株はリスクが低い株で，標準偏差が大きいB株はリスクが高い株ということになる。

	A株	B株
標準偏差	10.9	48.4
どういう株？	リスクの低い株	リスクの高い株

以上の分析の結果より，株価Aと株価Bのどちらを購入するかの意思決定を行わなければならないとき，「ハイリスク，ハイリターン」の戦略で株を購入するのであれば，B株を選ぶことになるし，「ローリスク，ローリターン」の戦略で株を購入するのであれば，A株を選択するという意思決定を行うことになるだろう。

コラム　標準偏差を活用する

　日常生活の中でグループ内で一番大きいものや一番小さいものは明らかに「すごい」ものと認識できる。例えば，日本で一番高いビルは東京スカイツリーであるとか，日本で高い山は富士山であるなどだ。しかし一番大きくも，小さくもないような場合，平均よりも少しだけ大きいようなものの「すごさ」はどのように評価したらいいのだろうか？　その疑問の助けになるのが標準偏差である。

　次のような例を考えてみよう。ある大学の入学試験では数学と物理の選択受験が可能であり，Aさんは数学を選択し，Bさんは物理を選択して受験した。AさんとBさんの試験の結果は次の表の通りである。

	数学（Aさん）	物理（Bさん）
点　数	72点	77点
平　均	65点	70点
平均からの差	7点	7点

　この2つのデータを比較し，皆さんはどちらの学生を合格させるだろうか？　この2人はどちらの方が「すごい」のだろうか？　単純な点数の比較で言えばB君の方が優秀と判断するかもしれないが，そもそも違う科目のテストなので，点数自体を比較することにはあまり意味がない。平均点と比較するとどうだろうか？　どちらの点数も平均より7点高く，平均点からの差では同等である。こんな時にどちらが「すごい」かを評価するのに標準偏差を用いるのである。

　数学と物理の得点のグラフを比較してみよう。

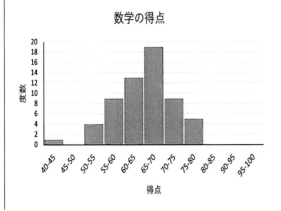

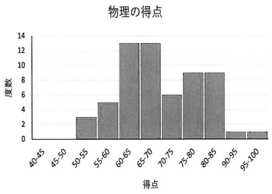

最大値と最小値を比較してみると

	数　学	物　理
最小値	44点	51点
最大値	78点	99点
範　囲	34点	48点

　どうやら物理の点数の方が点数のばらつきが大きいことがわかる。このバラツキ具合を表現する数学の言葉が標準偏差である。

標準偏差と「すごさ」の関係

　標準偏差とは一体，何を意味するのだろうか？　標準偏差とは平均からのバラツキの大きさを表す値である。実は数学と物理の標準偏差をそれぞれ計算してみると

	数　学	物　理
標準偏差	6.9点	10点

となっていた。標準偏差がわかるとあるデータがどれくらい特別なのかを評価することが可能になる。それでは数学受験をしたAさんと，物理受験をしたBさん，どちらがすごいのかを標準偏差を用いて評価してみよう。そのためには平均からそれぞれの点数が標準偏差，何個分ズレているかを計測する，つまり先ほどの平均からの差をそれぞれの標準偏差の値で割り算するのである。

$$\text{Aさん} \quad \frac{7\,(=平均からの差)}{6.9\,(=数学の標準偏差)} = 1.01$$

$$\text{Bさん} \quad \frac{7\,(=平均からの差)}{10\,(=物理の標準偏差)} = 0.7$$

　この値は統計学の世界ではz値と呼ばれるもので，z値が大きい値のものほど，そのデータの凄さの基準になる。つまり今回の試験で合格させるべきはAさんということになる。

　数学のテストの点数と物理のテストの点数など，２つの質の違うデータを比較し，どちらが「すごい」のかなどを評価するときに，データのバラツキ具合を表す標準偏差を使うとうまくいくことがわかったのではないだろうか。

参考

覚えると便利な機能や作業

1 条件付き書式

　条件付き書式は，数値の大小関係やある条件に基づいて，セルに特定の書式を持たせ，視覚的にわかりやすくする。

1 ▶▶ セルの強調表示

条件にあわせて，セルを塗りつぶす

1 セルB2〜E5を選択し，[ホーム]タブの[条件付き書式]ボタンの ▼ のリストから，[セルの強調表示ルール]の[指定の値より大きい]をクリックする。

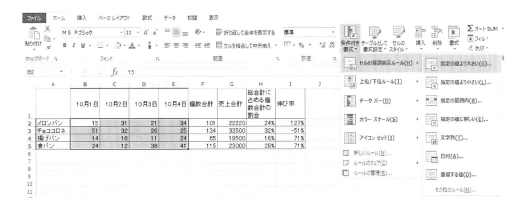

2 「指定の値より大きい」ダイアログボックスに 30 を入力し，OKボタンを押すと，30 より大きい値のセルだけ，指定された書式に変更する。

2 ▶▶ データ バー

値やパーセンテージにあわせて，セルに横棒グラフを表示させる

1 セルH2～I5を選択し，[ホーム]タブの[条件付き書式]ボタンの ▼ のリストから，[データ バー]を選択する。

2 [塗りつぶし]の書式を選んでクリックすると，セルの中に横棒グラフが表示される。

3 ▶▶ アイコン セット

値を3段階，もしくは4段階に分類し，セルの左端にマークをつける

1 セルF2～F5を選択し，[ホーム]タブの[条件付き書式]ボタンの ▼ のリストから，[アイコン セット]を選択する。

2 アイコンの書式を選んでクリックすると，セルの左端にアイコンが表示される。同様に，セルG2～G5を選択し，アイコンを付ける。

	A	B	C	D	E	F	G	H	I
1		10月1日	10月2日	10月3日	10月4日	個数合計	売上合計	総合計に占める個数合計の割合	伸び率
2	メロンパン	15	31	21	34	⇨ 101	22220	24%	127%
3	チョココロネ	51	32	26	25	⬆ 134	33500	32%	−51%
4	揚げパン	14	16	11	24	⬇ 65	19500	16%	71%
5	食パン	24	12	38	41	⬆ 115	23000	28%	71%

2 複合グラフの作成

複合グラフとは，異なる種類のグラフを組み合わせて1つにまとめたもので，数値の単位やスケールが異なる場合に利用する。

1 ワークシートの表からセルA1～A5を選択し，[Ctrl]キーを押しながらセルF1～G5を選択する。離れたセルを選択する際，行番号の範囲は同じくなるように注意する。

2 [挿入]タブから[組み合わせ]ボタンの[▼]のリストから，[集合縦棒−第2軸の折れ線]をクリックする。

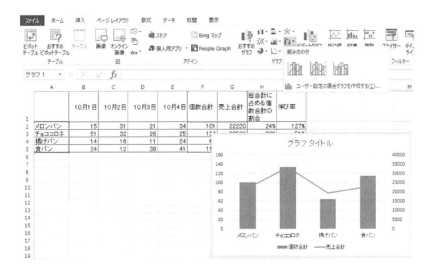

3 個数合計の系列が左側の第1軸を利用した縦棒グラフで，売上合計の系列が右の第2軸を利用した折れ線グラフとなる。

4 グラフ内の[グラフタイトル]をクリックし，再度クリックしてから，タイトルに パンの売上個数と売上合計金額 と入力する。

5 [グラフツール]の[デザイン]タブの[グラフ要素を追加]ボタンの[▼]のリストから，[軸ラベル]の[第1縦軸]と[第2縦軸]をクリックする。

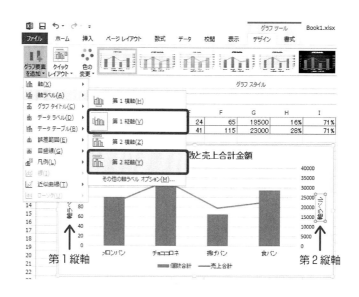

6 縦軸の[軸ラベル]を選択し，[ホーム]タブの[方向]ボタンの ▼ のリストから[縦書き]を
クリックする。

7 縦軸の左側の軸ラベル（第1縦軸）をクリックし，再度クリックしてから 個数 と入力し
て，右側の軸ラベル（第2縦軸）には 金額 と入力する。

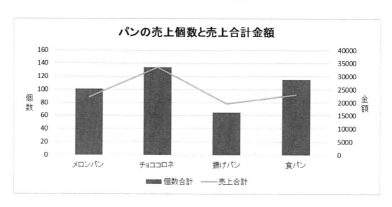

3 印刷設定

1 ▶▶ 印刷のステップ

ワークシートの表やグラフを用紙に収まるように調節してから印刷する必要がある。

1 印刷範囲を設定する。印刷したい範囲を選択し，[ページレイアウト] タブの [ページ設定] グループにある [印刷範囲] ボタンの ▼ のリストから「印刷範囲の設定」をクリックする。

2 表示設定を「ページレイアウト表示」に切り替える。印刷結果に近い表示で作業ができる。

3 ページを設定する。[ページレイアウト]タブの[ページ設定]グループ，もしくは，[ファイル]タブの[印刷]にある[設定]から編集する。

4 印刷プレビューで確認する。印刷結果を画面上で確認する。

5 印刷する。印刷する範囲（頁数）や部数を指定し，用紙に出力する。

2 ▶▶ シートの印刷

1 表とグラフが含まれるよう，セルA1～G24を選択する。

2 [ページレイアウト]タブの[ページ設定]グループにある[印刷範囲]ボタンの ▼ のリストから「印刷範囲の設定」をクリックする。

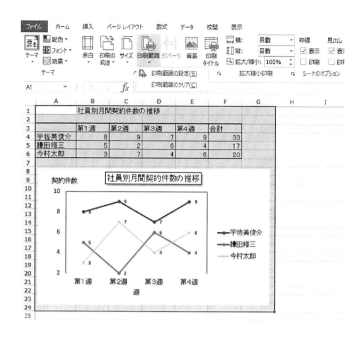

3 「ページレイアウト表示」に切り替える。

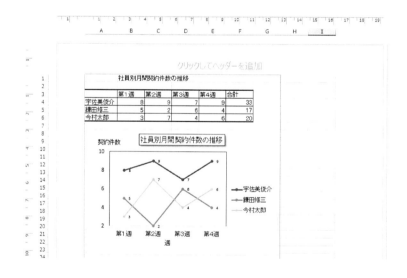

4 [ページレイアウト]タブの[ページ設定]グループにある[用紙サイズ]は「A4」,[向き]は「横」,[拡大縮小印刷]グループにある[拡大縮小]は「150%」と指定する。

5 [クリックしてヘッダーを追加]をクリックし,ヘッダーの左側に 契約数の推移 と入力し,右側に 10月24日 と入力する。

6 [ファイル]タブの[印刷]をクリックし,印刷するプリンターや部数等を選択する。

7 設定が完了したら,[印刷]ボタンをクリックする。

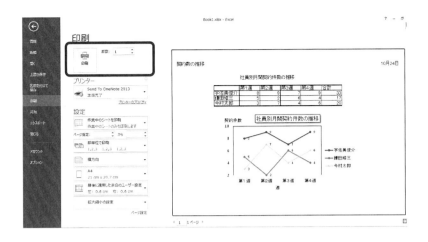

1 グラフをクリックして，選択状態にする。

2 [ファイル]タブの[印刷]をクリックする。

3 画面右側に印刷プレビューが表示されるので，左側下の[ページ設定]で，印刷の方向や余白の設定を行う。

4 設定が完了したら，[印刷]ボタンをクリックする。

[ページレイアウト] タブの [ページ設定]
グループにある編集と同じ作業ができる

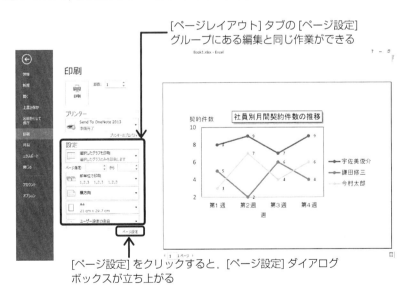

[ページ設定] をクリックすると，[ページ設定] ダイアログ
ボックスが立ち上がる

4 ExcelデータをWordに貼り付ける

　異なるアプリケーションどうしでデータを貼り付けることができる。また，貼り付ける内容がテキスト，表，グラフ，図などにより，貼り付けのオプションはいろいろな形式が選択でき，元データとのリンクも可能である。ただし，コピーしたExcel データを，他のアプリのファイルに[リンク貼り付け]をすると，Excelのブック全体（他のシートまで）が貼り付けられることを覚えておこう。

1 ▶▶ WordにExcelの表を貼り付ける

1 ExcelファイルのセルA3〜F6を選択し，右クリックのショートカットメニューの[コピー]をクリックする。

	A	B	C	D	E	F
1	社員別月間契約件数の推移					
2						
3		第1週	第2週	第3週	第4週	合計
4	宇佐美俊介	8	9	7	9	33
5	鎌田修三	5	2	6	4	17
6	今村太郎	3	7	4	6	20

2 画面下のタスクバー上のWordのアイコンをクリックし，貼り付け先のWordファイルに切り替える。

3 Word文書の貼り付ける場所（12行目）にカーソルを置く。

4 ［ホーム］タブの ボタン（貼り付け）を押す。

5 貼り付けた表の左上にある をクリックし，[ホーム]タブの ［段落］グループから ボタン（中央揃え）をクリックする。貼り付けた表は，用紙の中央に移動する。

214

記

＜月間契約件数の推移＞

	第1週	第2週	第3週	第4週	合計
宇佐美俊介	8	9	7	9	33
鎌田修三	5	2	6	4	17
今村太郎	3	7	4	6	20

以上

ポイント Excelの表を貼り付ける際，[貼り付けオプション]を利用すると，貼り付ける形式とスタイルを指定できる。

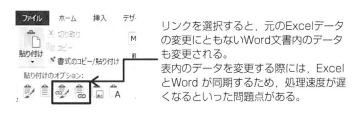

リンクを選択すると，元のExcelデータの変更にともないWord文書内のデータも変更される。
表内のデータを変更する際には，ExcelとWord が同期するため，処理速度が遅くなるといった問題点がある。

---

2 ▶▶ WordにExcelのグラフを貼り付ける

1 Excelファイルのグラフ上のグラフエリアをクリックし，グラフを選択したら，右クリックのショートカットメニューの[コピー]をクリックする。

2 画面下のタスクバー上のWordのアイコンをクリックし，貼り付け先のWordファイルに切り替える。

3 Word文書の貼り付ける場所（17行目）にカーソルを置く。

4 [ホーム]タブの [貼り付け] ボタンを押す。

5 [貼り付け]ボタンを利用すると，グラフは編集可能であるため，グラフを選択すると，タブの右端に[グラフツール]が追加される。

6 [ホーム]タブの[段落]グループから ≡ ボタンをクリックする。貼り付けたグラフは，用紙の中央に移動する。

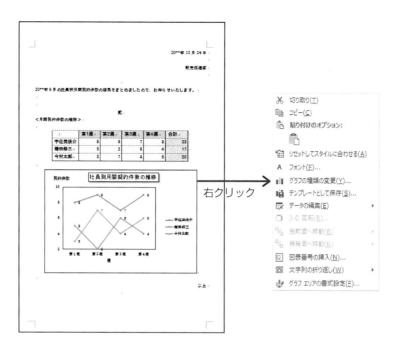

右クリック

ポイント Excel のグラフを貼り付ける際, [貼り付けオプション] を利用すると, 図として貼り付けることができる。[形式を選択して貼り付け] をクリックすると, ダイアログボックスが表示される。

クリック

エラーメッセージ集

＃VALUE！　：計算や関数で使用する値の種類が間違っている場合

＃DIV/0！　：「0」や空白セルで割ったときに表示

＃NAME？　：認識されていない"名前"が使われたときに表示

　　　　　　　例えば，SUM関数のつもりが間違って「SAM」と入力したり，SUM関数で

　　　　　　　セルの範囲指定の時に間違って「：」をつけ忘れたときなど

＃N/A　　　：計算に使用できる値がない場合

＃REF！　　：セル参照が無効となっている（値がない）場合

＃＃＃＃＃＃＃：セルの幅よりも表示する数値の桁数が大きい場合

　　　　　　　通常，セルに"＃＃＃＃"が表示されるときは，セル幅を増やしてすべて表示

　　　　　　　させればよい。もしくは，指数を用いて表示される。

Wordをマスターしていない人のために

1）［ホーム］タブ［フォント］グループ

2）［ファイル］タブ

ダイアログボックス集

1）関数の挿入ボタン fx

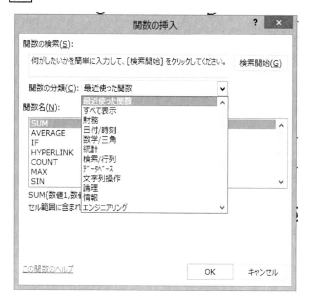

2）セルの書式設定（右クリック）

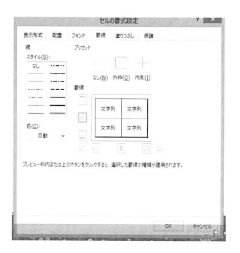

3）行の高さ，列の幅

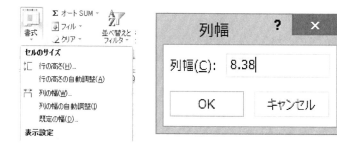

ダイアログボックス集

1）関数の挿入ボタン fx

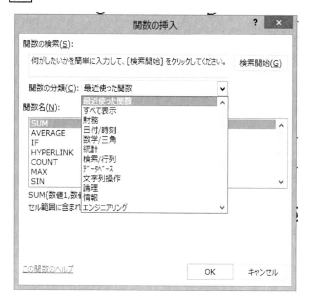

2）セルの書式設定（右クリック）

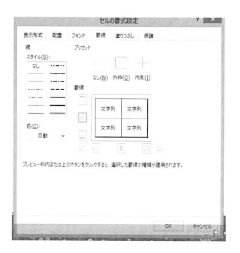

3）行の高さ，列の幅

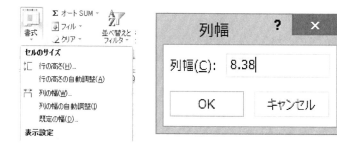

4） セルの挿入ボタン  と削除ボタン

5） グラフの種類の変更

6） データソースの選択

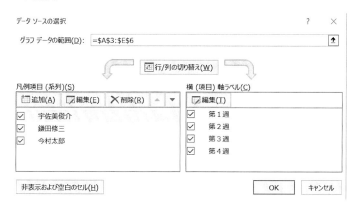

作業に困ったら…よくある質問集

⑦ 保存したファイルが見つからない

⇒ [ファイル]タブの[最近使用したファイル]の一覧から，該当するファイル名を見つけ出す（2頁参照）

⑦ 数値を入力し直しても，日付の表示になってしまう

⇒ セルの書式を標準に戻す（89頁参照）

⑦ 計算式を入力したが，入力した内容がそのまま表示され，計算されない

⇒ 計算式の先頭に「＝」を付け忘れていないか，確認する（21頁参照）

⑦ テンキーを押したが，数値が入力されない

⇒ 「NUMLOCK」のランプが消えていないか確かめる。消えている場合は，NUMLOCK キーを押す

⑦ 思い通りに入力できない

　　001と入力すると1になる　　　1/2と入力すると1月2日になる

　　(4)と入力すると-4になる　　　1:2と入力すると1:02の時間になる

⇒ 入力する前にセルの書式設定を「文字列」にする。[ホーム]タブの[数値]グループの上にあるプルダウン ▼ のリストから「文字列」をクリックしてから入力する（89頁参照）

⑦ オートフィルを使っても，連続したデータが貼り付けられない

⇒ 日付や曜日，連番の数値は連続データとして貼り付けられるが，漢数字（第一回）やA,B,Cなどはそのままコピーされる（18頁参照）

⑦ セルの中で改行したい

⇒ 折り返して全体を表示する ボタンを押す（85頁参照），または改行したい文字の前にカーソルをおき，Alt キーを押す

⑦ セルに入力されている文字の途中から，フォントの大きさや色などの書式を変更したい

⇒ アクティブセルをダブルクリックするか，数式バーをクリックして，書式を編集する（17頁参照）

② コピーや切り取りをして貼り付けた後，$\boxed{\text{Ctrl}\,\blacktriangledown}$がなかなか消えない。早く消したい

⇒ $\boxed{\text{Esc}}$キーを押す（26頁参照）

② セルの左上の緑色の三角形は何？　緑の三角形を消したい

⇒ エラーが発生する数式がセル内に含まれている場合，緑色の三角形が表示されるが，数式が間違っていないならエラーを無視してかまわない（56頁参照）

② リボンが消えてしまい，毎回タブをクリックしないとリボンを使った編集ができない

⇒ リボンが隠れないように固定（[リボンを折りたたむ]の"^"と同じ位置にある画鋲マークをクリック）する（6頁参照）

② 列番号がA,B,Cではなく1,2,3になる

⇒ [ファイル]タブの[オプション]の[数式]からR1C1形式を解除する（19頁参照）

② セルの幅やセルの高さの単位は何にすればよいか

⇒ 通常，セルの幅は「8.38（72ピクセル）」，セルの高さは「13.50（18ピクセル）」であるが，入力した文字の書式にあわせて幅や高さを調整すればよいので，単位はとりあえず無視してかまわない（15頁参照）

② シート見出しの編集をしたい

⇒ 該当するシート見出しの上で右クリックをし，シート名の変更や色の編集をする（7頁参照）

② 表の枠線を一部分だけ消したい

⇒ $\boxed{\boxplus}\,\blacktriangledown$ボタン（罫線）のリストから[罫線の削除]をクリックし，消しゴムで消す（99頁参照）

② ROUND関数の桁数って何？

⇒ どの位で四捨五入をするかを示すもので，小数点以下第1位で四捨五入し，整数で表示する場合，桁数は0，小数点以下第3位で四捨五入をし，小数点以下第2位で表示する場合，桁数は2など，以下の表を参考にせよ（46頁参照）

桁　数	−3	−2	−1	0	1	2	3
表示桁数の位	整　数（下3桁は0）	整　数（下2桁は0）	整　数（下1桁は0）	整　数（小数部の桁数は0）	小数点以下第1位	小数点以下第2位	小数点以下第3位
計算内容	百の位の数を計算	十の位の数を計算	一の位の数を計算	小数点以下第1位の数を計算	小数点以下第2位の数を計算	小数点以下第3位の数を計算	小数点以下第4位の数を計算

② 割合や構成比の関数が見つからない

⇒ 割合を用いる計算に関数はないので，計算式を入力すること（57頁参照）

⑦ 割合の計算で，オートフィルでコピーしたら，エラーメッセージが出た

⇒ 絶対参照の＄マークを付け忘れていないか確かめる（58頁参照）

⑦ グラフの項目名が「1，2，・・・」，凡例が「系列1，系列2・・・」と表示された

⇒ グラフのデータの範囲を選択する際に，凡例と項目名に入る文字列も含めて選択する。範囲を再選択するには，[グラフツール]の[デザイン]にある[データの選択]ボタンをクリックして，範囲を選択しなおす（109頁参照）

⑦ グラフの軸や目盛線の色が薄く，見えにくい

⇒ ［グラフツール]の[書式]で色を編集する（126頁参照）

⑦ グラフの目盛りの間隔を変えたい

⇒ 目盛の入力された軸を選択 → 右クリックをし[軸の書式設定]を選択 → [軸オプション]項目が表示されたら，[目盛間隔]の[目盛]の数値を調整する（127頁参照）

⑦ グラフに軸ラベルを挿入したら，グラフとかぶってしまった

⇒ 通常，グラフタイトルや軸ラベルの挿入，凡例の位置の調整を行うと，グラフとかぶらないようにプロットエリアは自動的に縮小／拡大される。しかし，先にプロットエリアの大きさや位置を編集してしまうと，その位置で固定されてしまうので，自動的に調整されない。その場合は，プロットエリアを自分で調整する

⑦ 軸ラベルの文字方向を変えたい

⇒ 軸ラベルを選択し，[ホーム]タブの[段落]，[文字方向ボタン]（文字方向ボタン）で編集する（124頁参照）

⑦ 印刷ボタンを押したら，印刷したい箇所が1ページに収まらず，何枚にもわたり，印刷された

⇒ 印刷したい範囲を選択し，[ページレイアウト]タブの[ページ設定]グループにある[印刷範囲]ボタンの▼のリストから「印刷範囲の設定」をクリックする。余白や拡大縮小などで調整し，1ページに収まるように編集してから印刷する（193頁参照）

⑦ 画面がフリーズしてしまった

⇒ とりあえず強制終了させた上でもう一度Excelを起動し，画面左から「復元されたファイル」をクリックする（ただし完全に復元されるとは限らないので，必ず最初にファイル名をつけることと，頻繁な上書保存を心がけよう）

⑦ セルに文字を入力しているのに表示されない

⇒フォントの色が白になってしまっているので，フォントの色ボタンから黒に直す（81頁参照）

索　引

《著者紹介》

阿南　大（あなみ・だい）
　　東洋学園大学非常勤講師
　　慶應義塾大学大学院文学研究科博士課程単位取得満期退学　修士（文学）

水野有希（みずの・ゆき）
　　日本女子体育大学体育学部スポーツ科学科准教授
　　千葉工業大学大学院工学研究科博士課程修了　博士（工学）

泰松範行（やすまつ・のりゆき）
　　東洋学園大学グローバル・コミュニケーション学部教授
　　慶應義塾大学大学院政策・メディア研究科修士課程修了　修士（政策・メディア）

澁谷智久（しぶや・ともひさ）
　　東洋学園大学人間科学部教授
　　順天堂大学大学院スポーツ健康科学研究科修士課程修了　修士（スポーツ健康科学）

門田　実（かどた・みのる）
　　東洋学園大学グローバルコミニケーション学部専任講師
　　New York University クーラント数理科学研究所博士課程修了　博士（応用数学）

栗林克寛（くりばやし・かつひろ）
　　東洋学園大学非常勤講師
　　東洋学園大学大学院現代経営研究科修士課程修了　修士（経営学）
　　千葉商科大学大学院政策研究科博士課程在学中

（検印省略）

2021年 9 月30日　初版発行
2023年 9 月30日　改訂版発行　　　　　　　　　略称－情報リテラシー

情報リテラシーを身につける
Excel［改訂版］

著　者　　阿南　大・水野有希・泰松範行
　　　　　澁谷智久・門田　実・栗林克寛
発行者　　塚 田 尚 寛

発行所　東京都文京区　　株式会社　創 成 社
　　　　春日 2 - 13 - 1
　　　　電　話 03（3868）3867　　　Ｆ Ａ Ｘ 03（5802）6802
　　　　出版部 03（3868）3857　　　Ｆ Ａ Ｘ 03（5802）6801
　　　　http://www.books-sosei.com　　振　替 00150-9-191261

定価はカバーに表示してあります。

©2021, 2023 Tomohisa Shibuya　　組版：でーた工房　印刷：エーヴィスシステムズ
ISBN978-4-7944-2621-5 C3034　　製本：エーヴィスシステムズ
Printed in Japan　　　　　　　　　落丁・乱丁本はお取り替えいたします。

──────────── 創 成 社 ────────────